PERFECT
LESSON
BOOK

羽毛球
基礎技巧&戰術

U0072853

監修 **大屋貴司**
日本埼玉榮高中男子羽毛球隊顧問

前言

本書請來了高中羽球隊霸主的埼玉榮高中羽球隊選手為拍攝對象，從基本概念到實戰練習，彙整了如何讓球技精進的內容。埼玉榮高中男子羽毛球隊在2016年的高中聯賽成功拿下團體與個人雙打賽2座冠軍獎盃。截至目前為止，已在高中聯賽團體賽拿下11座冠軍，選拔賽的團體項目也獲得6次冠軍。協助拍攝的選手們球技精湛，光是看他們打球就是一種視覺上的享受。

實際進行拍攝工作時，幾乎沒有需要重拍的情況，這全都歸功於羽球隊員的紮實技術。而這些技術來自「基礎」。隊員從開始接觸羽毛球時，就充分接受了自指導理論核心出發的完整基礎訓練。因為基礎夠紮實，才能在技法應用上完全發揮。

本書的第1、2章將介紹羽毛球整體的基本要素。第3、4、5章則會搭配擊球重點，介紹各種練習法。請各位從中習得技巧。

此外，第6、7章則會提到在埼玉榮高中進行的訓練。請各位鍛鍊步法，並結合模擬實戰練習。最後的第8章則向各位傳授能在比賽中獲勝的思考模式及戰術。各位務必根據對戰理論，找出自己最擅長的進攻模式。

世界上沒有吃了就能讓羽毛球進步的神奇魔藥。但只要參考書中內容，透過不斷練習，相信各位一定能自我突破。

CONTENTS

第2章 掌握基本擊球技巧

第3章 掌握基本擊球法①
頭上擊球法的變化

第4章 掌握基本擊球法②
側邊／低手擊球法的變化

第5章 掌握基本擊球法③
發球的變化

第6章　強化程度的基礎練習法

第8章 單打＆雙打的基本戰術

單打戰術

雙打戰術

第1章

羽毛球的基礎

先掌握本章的
基礎內容

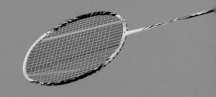

本章將介紹在開始接觸羽毛球時,「充分
掌握後,絕對能讓球技進步」的最基礎內
容。一旦打好基礎,就能加快進步的速
度。讓我們一同找出重點,強化對羽毛球
的掌控實力吧。

基本握拍

東方式握拍法是能夠運用在正拍及反拍的基本握拍法

羽毛球拍最基本的握法為東方式握拍法。讓我們先來確認握拍方式。請確認握著球拍時,是否如照片①,側邊框與地面呈垂直狀態,且不能看到拍面。東方式握拍法就是讓側邊框與地面呈垂直的握拍方式。

若採行東方式握拍法,就能以不改變手握的方式,做出正拍(身體右側)及反拍(身體左側)動作。當然,所謂頭上扣球的擊球動作也必須採東方式握拍法。此外,要以此握拍法反手擊球時,則可搭配運用「拇指貼把」,以拇指支撐握把的技巧。

手握住球拍的長度愈長,愈能用力揮拍;握拍的長度愈短,則較能快速反應擊回來球。此外,在握拍時,做出將手腕翹起的「立腕」動作也是相當關鍵的重點。

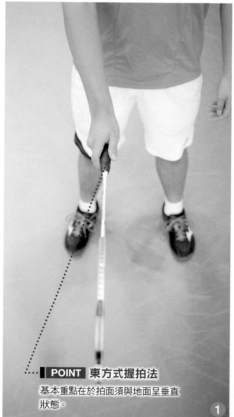

POINT 東方式握拍法
基本重點在於拍面須與地面呈垂直狀態。

①

POINT 立腕

採取東方式握拍法時,能在不改變手握方式的前提下,做出正拍及反拍動作。這時,更必須記住要做出將手腕翹起的「立腕」動作

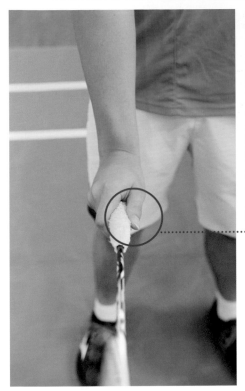

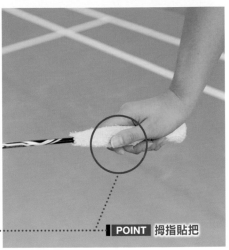

POINT 拇指貼把

反拍擊球時,必須做出以拇指支撐握把的拇指貼把動作。

POINT

握拍變化

在實際面對比賽時,並非所有的擊球都能以東方式握拍法應對。若要做出網前撲球等瞬間動作時,有時也必須採行西方式握拍法。話雖如此,羽毛球的基本仍是東方式握拍法。請各位務必牢記,特別是在防守時,若以東方式握拍法結合立腕動作,將能更有效處理來球。

西方式握拍法　　　東方式握拍法

進行撲球時,有時也必須採行西方式握拍法。

若採行東方式握拍法,將能處理圖中區域範圍的來球。

13

「外旋、內旋」與「內回、外回」

結合「外旋、內旋」與「內回、外回」的連續揮拍動作

揮動球拍時，最重要的就是「外旋、內旋」與「內回、外回」運動。請各位參考下方「外旋、內旋」與「內回、外回」動作的簡易說明圖。

「內旋」是依照①～③的步驟揮動手臂，相反步驟③～①的動作則是「外旋」。另一方面，「內回」就如同⑤→④步驟，將手掌朝向內側做出動作，而⑤→⑥步驟中，將手掌朝向外側做出動作即稱為「外回」。各位可以將「外旋、內旋」想像成「招手」動作，「內回、外回」則像是拿著扇子對臉搧

風時的前臂動作，將會更容易理解。

揮拍是結合「外旋、內旋」與「內回、外回」所形成的自然連續動作。舉例來說，若要進行側邊擊球時，會將「內回」與「內旋」結合，做出正手擊球動作。以反手擊球時，則會結合「外回」與「外旋」動作。本書將會不時提醒各位要使用「外旋＆內旋、內回＆外回」動作，請務必將此基礎知識牢記心中。

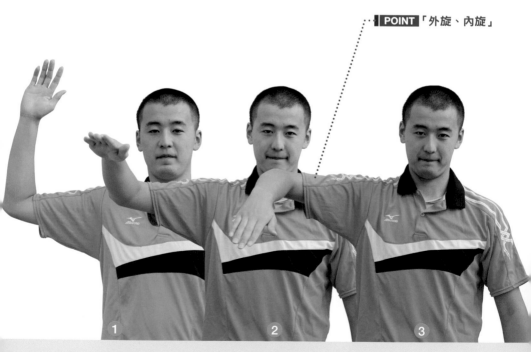

POINT 「外旋、內旋」

依照片中①～③步驟揮動手臂的動作稱為「內旋」，相反步驟③～①的動作則是「外旋」。

POINT

結合「內回、外回」的動作示意

棒球投手將球投出後，手掌會如照片般朝向外側。這就是採取內回→外回動作的證明，更是讓自己快速揮動手臂（球拍）時，不可欠缺的動作。

POINT「內回、外回」

將手掌朝向內側做出動作為「內回」⑤→④。將手掌朝向外側做出動作為「外回」⑤→⑥。

揮拍擊球的姿勢

「外旋、內旋」與「內回、外回」會自然結合

揮拍時，如何自然帶出身體力量是很重要的。下方①～⑤照片是在進行頭上擊球時，揮拍的示意圖。

揮拍時，必須先做出側身的舉拍姿勢。這時，身軀會像①一樣呈扭轉狀態，將扭轉身軀拉回的同時，依照肩膀的外旋與內旋，然後前臂的外回與內回的順序揮拍，就能順利將力道傳遞到羽毛球上。

這時須特別注意，身體要像②一樣做出動作，手臂的動作須在身體動作之後。穩住重心，讓手肘帶角度揮拍，就能很自然地完成理想的頭上擊球動作。

在探討頭上擊球時，雖然會特別強調「內回、外回」動作，但如同右邊照片所示，當要於身體兩側進行擊球時，也會很自然地使用到「內回、外回」運動。

POINT

在還沒揮拍之前，先做出身體動作，手臂的動作須在身體動作之後。這時手肘會帶出角度，只要做出立腕動作，就能達到強力揮拍效果。

① ②

| POINT

以正手擊出身體側邊來球
時的外回→內回動作

| POINT

反手擊球時的內回
→外回動作

原心位置時的基本姿勢

站在原心位置時，必須是能夠快速朝各個方向移動的姿勢，等待對手來球。右圖及下圖為基本的待球姿勢示意（設定為單打接球）。首先，請各位確實站穩原心位置。

立起上半身，採前傾姿勢（不可駝背）。

腳底不可整個貼地，腳跟須稍微提起。

球拍置於身體正面。

站在原心位置時，上手臂不可夾得太緊或放得太鬆。

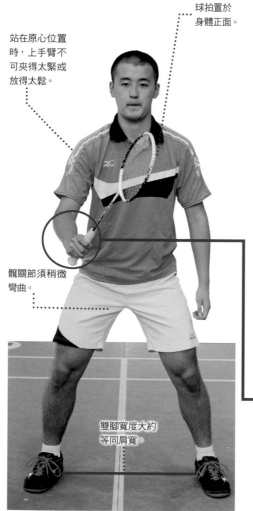

髖關節須稍微彎曲。

雙腳寬度大約等同肩寬。

POINT 立腕動作

雙打時的球拍須舉得比單打時更高。

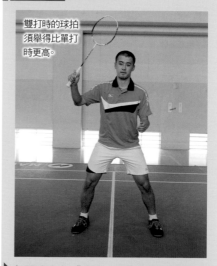

打羽毛球時，「立腕」是最基本的動作。在握拍時，若未如同左邊照片般，將手腕立起，就無法順利做出「外旋、內旋」與「內回、外回」運動。我們常會看到將手臂整個伸直揮拍的NG範例，這就表示選手無法做出「外旋、內旋」與「內回、外回」動作。

煞停時的基本姿勢

　　除了站在原心位置時有基本姿勢外，向前後左右移動接球時的煞停動作同樣也有所謂的基本姿勢。照片分別是處理前正手、前反手、後正手、後反手（繞頭）來球時的煞停姿勢。虛線指出的內容更是關鍵重點，請各位務必謹記在心。

前反手

踏出的角度是施力能達到最大的135度左右。若彎曲角度過大，將會讓擊球後的歸位速度變慢，因此須特別留意。

前正手

膝蓋方向須和腳尖指的方向相同。這是向前移動並停止時的基本姿勢，同時能預防運動傷害。

後正手

盡量將右腳移動至擊球點下方位置。擊完球後，必須以右腳蹬地，將自己快速拉回原心位置。

後反手

擊球後，左腳站穩著地，避免身體失去平衡。右腳則朝前跨向原心位置。

接下來向各位介紹基本步法。羽毛球的基本移動為斜前斜後的4個方向與左右2個方向所組成。這裡將介紹從原心位置移動至前場、從原心位置退到後場，以及從後場快速移動至前場的6種步法。在這六種步法中集結了非常多的關鍵要素。各位可搭配從134頁開始的第6章內容，將重要的基本步法牢記在心。

從原心位置到前正手位置

將右腳朝前進方向稍微踏出。

1

■ POINT

追步
左腳繞到右腳後方，調整步伐。

左腳必須靠近右腳。

2

從原心位置到前反手位置

要移動至前反手擊球位置時。

1

■ POINT

筆直移動
要接住前反手位置的球時，務必採取奔跑步法，以最短距離移動！

第一步的步伐不用太大。

2

↓向右前方移動時，若遇到步伐距離不足的情況，可藉由「追步」移動身體。此外，要移動到前正手位置時，可以運用擊劍運動在前進時一樣的滑步技巧，到了最後一步時，將腳舉起並用力踏出，以保持平衡。

▌POINT
滑步
擊劍運動中，要縮短與對手間的距離時，也是採用相同步法。

利用靠攏的左腳蹬地。
③

腳跟施力搭配擊球後再歸位。
④

↓用跑步的方式快速進入前反手位置。和前正手位置不同，這裡不使用滑步。重點在於照片③中大步跨出的左腳。只要左腳確實踏出，就能2步追上羽毛球。

將左腳大步跨出。
③

讓右腳腳跟先落地，確實施力擊球後，再做出歸位動作。
④

從原心位置到正手後場區域

要移動至正手後場區域時，側步為基本動作。重點在於利用右腳（軸心）穩住上半身。只要最後踏出的右腳能鞏固態勢，就能精準控制球路。擊完球的瞬間不僅能同時完成換腳動作，只要右腳朝向原心位置的方向，即可快速歸位。

蹬出左腳。

1

以側步朝右後方移動。

2

從原心位置到反手後場區域（繞頭）

在反手後場區域以繞頭方式進行擊球時，最重要的是必須拉開右肩，側身以長距離側步移動至反手後場區域。在擊球前，先以右腳穩住上半身，以邊揮拍邊換腳的方式著地。只要腳著地的動作夠紮實，就能快速回到原心位置。

右腳蹬出第一步。

1

拉開右肩，準備舉拍。

2

······· ▍ POINT

目光維持水平

在前後移動時，目光盡可能
不要上下飄移。擊球後，也
要注意髖關節須帶點角度，
別讓身體呈僵直狀態。

穩住上半身。

③

換腳後著地。

④

▍ POINT **著地腳非常重要**

在做繞頭動作時，最基本的概念
為腳不可整個踩地，而是要像壓
著地面的方式著地，如此一來才
能加快歸位時的起步。

利用右腳穩
住整身。

③

換腳並讓左腳
著地。

④

做出能立刻歸
位的姿勢。

⑤

正手前場

被對手逼到後場時，可選擇擊出高遠球等方式讓自己歸位。若歸位時間夠充裕，即便球會落在正手前場區域，建議仍可採取「ㄑ字形」移動方式，以右腳大步踏出最後一步來接球。

作勢要從正手前場擊出高遠球。 ①

邊預測對手可能的回球方式，邊移動至原心位置。 ②

反手前場

被對手逼到反手後場時採取的基本動作相同。當回到原心位置，並在反手前場區域接球時，須採取「反ㄑ字形」移動方式。若對手的攻擊使選手沒有充裕的時間歸位，則可以跑的方式直直趨前，並大步跨出最後一步，接住來球。

作勢要從反手前場擊出高遠球。 ①

邊預測對手可能的回球方式，邊移動至原心位置。 ②

當球落在正手前場時，邊準備舉拍，邊變換方向。

③

邊追步邊調整姿勢。

④

利用滑步大步跨出右腳，接住來球。

⑤

POINT 以步伐調整

無論是在正手前場或反手前場區域，最重要的都是讓身體到位後，再確實地揮拍。各位可以邊追步、滑步，邊調整步伐距離，並踏蹬最後一步的方式接球。

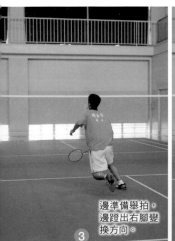

邊準備舉拍，邊蹬出右腳變換方向。

③

以左腳、右腳2步步法讓身體來到反手前場區域。

④

挺起上半身，做出能夠確實擊球的姿勢。

⑤

定位的基礎

掌握定位是基礎關鍵

　　單打時，若將球場分為9個區域，那麼中間區域就是原心位置。在20～25頁的基本步法中也介紹了如何從原心位置朝前後方向移動。

　　要掌握對手行動時，一般會單純地將球場分為9個區域，並從中思考對手的打法及步法。但實際比賽的時候，卻無法以如此簡單的方式切割場地。這是因為依照對手擊球的位置，原心位置不見得一定會在中心區域。

　　比賽時，我希望各位能夠有「擊球中心」（playing center）的概念。實際打球時的原心位置其實會不停變動。舉例來說，對手分別從正手後場及反手後場擊球時的原心位置就是不同的，因此最重要的是根據自己的擊球球路及觀察對方的反應，隨機應變找出最佳位置。

球場分成9個區域時的名稱

前場

中場

後場

原心位置

左場　　　　　　中線　　　　　　右場

POINT 「擊球中心」的概念

「擊球中心」是指當對手從某個位置擊球過來時，將球路中央視為原心位置。比起將球場分成 9 個區域，「擊球中心」的概念更符合實戰所需的定位。若是像照片①一樣，從反手後場擊出高遠球時，就必須定位至預測球路的中央位置。因此選手從反手後場擊球後，就會猜測對手回球的球路，並像照片②一樣，快速移動至最佳位置。

羽毛球的場地及器材

球場名稱及尺寸

羽毛球場的形狀是長方形，長度為 13.4 m、寬度為 6.1 m，邊線寬度則為 4 cm。單打比賽時，會使用內側的單打用邊線，雙打則會使用外側的雙打邊線。

此外，單打發球時，球必須落在區域①，雙打發球時則須落在區域②。

球網高度

立起球網的網柱設置於雙打邊線上，高度固定為 1.55 m。但球場中間的球網高度較兩側稍低，為 1.524 m。另一方面，球網上端規定必須貼有寬 7.6 cm 的白色色帶。

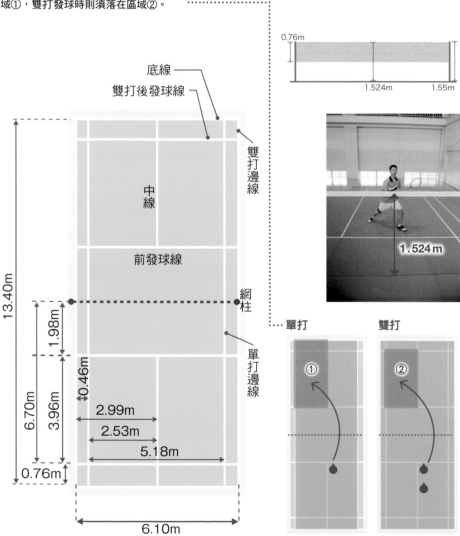

單打

雙打

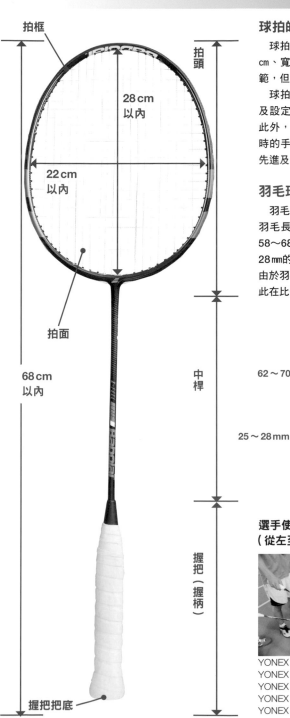

拍框

拍頭

28cm
以內

22cm
以內

拍面

68cm
以內

中桿

握把
（握柄）

握把把底

球拍的尺寸及選法

　　球拍全長不得超過68 cm，拍線面長不得超過28 cm、寬不得超過22 cm。球拍的長度雖然有明確規範，但重量並無特別限制。

　　球拍種類相當多樣，首先必須思考自身的體型及設定的風格類型，選擇自己能夠駕馭的球拍。此外，不同的球線種類及彈性表現，也會讓打球時的手感不同。因此第一次購買球拍時，可請益先進及店員的意見。

羽毛球

　　羽毛球是在軟木球托黏上16根水鳥羽毛製成。羽毛長度為62～70 mm，羽毛尾端須呈直徑介於58～68 mm的圓形，而球托座則須是直徑介於25～28 mm的圓底。羽毛的重量規定為4.74～5.50 g。由於羽毛球的羽毛為天然素材，損耗相當嚴重，因此在比賽過程中，選手有權提出更換羽毛球。

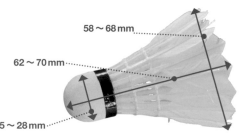

58～68 mm

62～70 mm

25～28 mm

選手使用的球拍及彈性
（從左至右／（　）內的彈性以磅數表示）

YONEX VOLTRIC 70 E TUNE (25-27)
YONEX VOLTRIC Z-FORCE 2 (26-28)
YONEX NANORAY Z-SPEED (26-28)
YONEX DUORA 10 (27-29)
YONEX ARCSABER 11 (26-28)

第 2 章

掌握基本擊球技巧

什麼情況要擊出
怎樣的球？

本章將介紹羽毛球最基本的擊球法。羽毛
球必須依照站位及擊球點，搭配各種不同
的擊球方式。各位要做到瞬間判斷什麼情
況必須擊出怎樣的球，以達到最佳應戰。

頭上擊球
OVER HEAD STROKE

保持立腕姿勢
維持手肘高度

　　頭上擊球是指在高於頭部的打點擊球。頭上擊球是選手在後場時，最常使用的打法，其中又可細分為高遠球、平抽高球、扣球、吊球及切球。

　　上述提到的擊球法雖然有不同的細微技巧及擊球訣竅，但如何接住來自上方的來球、擊球時身體的搭配方式、揮臂方法等基本環節皆為相通。因此只要加強頭上擊球技巧，即便身處後場，也能以各種不同的球技攻擊對手。

　　若想讓自己在連續對打時處於優勢，那麼就必須採取以頭上擊球為主的打法。只要頭上擊球愈強，即便身處後場，也能朝對手進攻。先請各位參考打高遠球時的連續動作照片，藉以掌握基本內容。

▌POINT▐ 保持立腕姿勢，維持手肘高度

進行頭上擊球時，最重要的就是保持立腕姿勢，維持手肘高度的向後引拍動作。一旦手肘位置過低，就無法順利揮拍，當然更無法於高處擊球，因此須隨時保持立腕姿勢。

① 邊拉起手肘，邊預測落球點。

② 站穩軸心（右腳），穩住上半身。

③ 蹬出右腿並揮拍。

POINT

結合外旋及內回動作的揮拍

將球拍揮出前，拍頭朝向地面（①），擊完球後，只要拍頭朝向外側，那就代表有確實做到內回動作（②）。揮拍路線大約落在右肩上，但也必須注意，若手臂伸得太直，將無法俐落揮拍。

POINT 將身體移動至球的下方

讓打點落在頭的前方是最基本的概念。對此，將身體移動至落球點後方，穩住腳步，等待來球的姿勢便相當重要。照片中雖然是打點落在頭頂上方的高遠球，但若要擊出扣球時，打點則必須落在更前面的位置

④ 確認揮拍時的拍頭方向。

⑤ 擊球時，身體須進入球的落點。

⑥ 確實揮完拍後，進入承接下一來球的姿勢。

繞頭擊球
ROUND THE HEAD STROKE

愈擅長繞頭擊球
球技就能愈強

　　從頭部偏左側的位置接住落在左後方的來球，即稱為繞頭擊球。繞頭擊球會比反手高遠球來得更具攻擊性，能做出力道強勁的擊球，且擊球時無須背對著對手，因此能夠迅速做出承接下一來球的準備動作。繞頭擊球雖然頗有難度，但若要讓自己的球技更精進，建議各位在初中級階段就要掌握對反手後場區域的控制，以繞頭方式將球擊回。

　　繞頭擊球時，除了要維持身體平衡外，更

要讓自己能擊出落在身體中線左側的來球。此技法的重點，是在移動步伐的同時，就必須做好揮拍的準備。其中，以右腳大大跨出第一步，將身體向後拉更是關鍵動作。若這一步的準備太慢，就只能以反拍擊球。此外，擊球後更必須踏穩著地的左腳，做到穩住上半身並迅速歸位的動作。

▌POINT 大幅度拉開右腳

若要以繞頭方式處理落在反手後場區域的來球，最重要的就是動作的第一步，要大幅度拉開右腳。若拉開右腳的速度太慢，就只能改以反手擊球，須特別留意。

① 球即將落至左後側時。

② 大幅度拉開右腳，做出側身姿勢。

③ 邊踏出右腳，邊用力蹬地，同時穩住上半身。

| POINT |

先從簡單的球路開始練習

以繞頭方式處理落在反手後場的來球時，建議各位可參考照片，先從簡單的球路開始練習。最重要的是踏出的第一步（右腳）以及球拍預備位置。只要在移動的同時進入照片中的位置備戰，即可順利擊球。

| POINT | 擊完球後的著地腳

繞頭擊球最重要的就是維持身體平衡。以擊完球後，著地的左腳承接並支撐住身體，在穩住上半身的狀態下，回到原心位置。

④ 擊球點會落在身體左側。

⑤ 站穩步伐，避免身體失去平衡。

⑥ 立刻準備回擊下一來球。

側邊擊球（正手）
FORE-HAND SIDE STROKE

透過精準到位的側邊擊球
給予對手攻擊性的一擊

　　在身體側邊承接落在肩膀至腰部區間範圍的來球，即稱為側邊擊球。在進行羽毛球比賽時，無論是單打或雙打的連續對打速度都非常快，讓球路稍微偏低的連續對打數增加，因此如何掌握側邊擊球的技巧，也成了相當重要的環節。

　　側邊擊球是指擊出與地面平行，滯留空中時間較短的直線速球。若想要打出高度夠且方向精準的速球，就必須立腕，再依肩膀、手肘、手腕的順序，以彎曲手臂的方式揮動球拍。只要這一連串的動作到位，就能擊出直線速球。

　　在選擇擊球位置較低的側邊球時，要特別注意不可造成掛網。為了減少掛網失誤的發生，建議從揮拍擊球到收拍完成的過程中，要盡可能讓手臂與球網平行。

POINT 將球拍舉在頭部側邊待命
做出立腕姿勢，確認球拍拉回時的高度正好落在頭部側邊，並以此姿勢揮拍擊球。

❶ 手腕出力，立起球拍。　　❷ 抓緊正確的時機踏出右腳。　　❸ 準備做出揮拍的動作。

POINT

抓緊正確的時機

在擊出平抽球時，務必讓打點落在較高位置，擊出球路與球網平行的速球。

若想擊出帶速度且到位的球，就必須抓緊正確的時機，精準揮拍。

POINT 揮拍時，須與地面平行

若想避免球路過低，導致擊球掛網，就必須像照片④～⑤一樣，從揮拍擊球到收拍完成，都要讓手臂與地面平行。

④ 揮拍擊球時，球拍要與地面平行。

⑤ 腳踏出，穩住身體。

側邊擊球（反手）
BACK-HAND SIDE STROKE

反手側邊擊球
重點在於拇指貼把

　　於身體左側處理來球的擊法，稱為反手側邊擊球。此擊球法的基本概念雖與正手相同，但要讓拍面在反手情況下更為穩定，就必須拇指貼把。

　　反手多半會給人比正手困難的印象，但由於打點範圍比正手拍小，因此擊出的球路相對穩定。

　　成功擊球的關鍵，在於擊球位置要比身體軸心更前面。反手側邊擊球與正手相同，因此建議可先以腳跟踏出步伐，看準時機後，再以內回→外回方式快速猛力地揮拍。此外，反手側邊擊球也必須和正手拍一樣，盡可能將球拍揮向擊球方向，並別忘了拇指貼把，以像是將羽毛球推出去的方式揮拍。

▋ POINT 要在身體中心軸前擊球
擊球位置必須比身體中心軸更前面。若擊球點太後面，就無法快速猛力揮拍，因此務必要讓自己能夠看見羽毛球落在眼前！

⑤ 將拇指像是推出去般地收拍。　　④ 迅速擊球。　　③ 以手肘為支點，像是將球拍從握把把底的位置揮出去。

POINT

手肘位置要夠高

以反手揮拍時，手肘必須固定在夠高的位置，且肘關節朝向羽毛球。如此一來就能做出以手肘為支點的內回→外回動作。

POINT 拇指貼把做準備

拇指貼把的重點在於將拇指腹整個貼在握把上，如此一來不僅能強化後方的支撐力，也能讓擊球更加穩定。此外，若在擊球時，做出以拇指將球推出的動作，將能讓球的力道更強勁。

② 依照自己的步伐，朝來球方向踏出。

① 做出拇指貼把的反拍動作。

低手擊球（正手）
FORE-HAND UNDER STROKE

兼具守備與攻擊要素的
低手擊球

　　於球網前的前場或是中場位置，以由下往上的揮拍方式挑球或擊出網前球，即稱為低手擊球。接下來將透過照片，向各位介紹從中場挑球的重點。

　　低手將球擊回於網前，或是將球打到後場，是構成連續對打非常重要的環節，更可說是兼具防守與攻擊要素的擊球法。在探討羽毛球時，甚至有人認為「若打不好網前球及挑球，就無法駕馭羽毛球」，可見低手擊球多麼重要。

　　低手擊球的重點，在於紮實地踏出右腳，穩住上半身，並盡量拉高擊球位置。如同照片一樣，在將球挑起時，除了要做出內回動作外，更要確實地揮拍，當球落在網前時，必須穩住拍面，將球擊回。

　　此外，當熟悉了低手擊球技法後，則可以相同的姿勢，打出挑球或改放短球，讓對手無法預測來球為何。

■ POINT
上半身保持挺直

朝網前移動時，須利用最後一步踏步穩住下半身，並讓上半身保持挺直。

⑤ 須確認完成揮拍時，是否仍保持應有姿勢。　④ 挑球時，將球拍大力揮出。　③ 盡量讓落球位置靠近地面。

POINT

低手擊球也可進攻

放短球與挑球是「可相互搭配」的擊球技巧。若像照片一樣，能在高處擊球，對手為了要接住放短球，就會向前邁進，這時候就能以挑球回擊，讓低手擊球也具有攻擊性。

POINT 充分承接來球

邊踏出右腳，邊將拍面朝向對手，做好準備動作，直到球快要落地的前一刻再將球擊出。

② 將拍面朝向來球方向做好準備。

① 即將落在網前的短距球。

低手擊球（反手）
BACK-HAND UNDER STROKE

熟悉反拍低手擊球
會比正手拍更好掌握

　　若是於前場將低於球網的來球擊出，那麼反手拍與正手拍的效益其實相同。此外，站穩腳步，讓下半身保持穩定狀態，且上半身維持挺直的重點也相同。對初階者～中階者的球員而言，反拍動作或許較不上手，但只要熟悉後，就能反射性地將球擊出，球路也較為穩定。而拇指貼把更是做出反手擊球時的必備動作。

　　此動作的關鍵，是擊球位置必須在踏出的腳尖前方。當擊球點太後面時，會讓揮拍空間不足，須特別留意。若想像照片一樣，挑出一記遠球時，就必須做到以手肘為支點，從握把把底將球拍揮出（表示有做到內回、外回的動作），並於高處收拍。

|POINT 收拍位置要夠高
若想挑球的距離夠遠，那麼收拍位置就要夠高。

⑤ 用力將球拍朝高處揮出。

④ 讓擊球位置落在前方，並以拇指推出的方式將球擊出。

POINT

讓對手無法猜測下一球是什麼球的訣竅

若比賽在自己尚能掌控的情況時，不妨讓對手猜不出下一球是挑球，還是放短球。各位可試著加入照片中，向後引拍的動作，並觀察對手情況，決定要以挑球回擊或是放短球。

POINT 踏出的腳尖須指向擊球位置

擊球位置必須是踏出的右腳尖方向。若打點落在膝蓋前，或是腳尖之後，就無法確實揮拍，須特別留意

③ 腳尖先落地，穩住姿勢。　② 跨出弓箭步迅速向前移動。　① 當來球為網前短球時。

反手高遠球

HIGH BACK

只要充分理解
就能穩定運用的反手高遠球

當對手朝左後方擊來一記無法以繞頭方式應對的好球時，選手就必須採反手高遠球擊球。反手高遠球不僅要將反手拍壓低，擊球時更是背對對手，因此須具備高技術水準。然而，對高階球員而言，除了選擇能爭取時間的平高球外，還可策略性地搭配切球或撲球等反手高遠球來迎擊對手。

反手高遠球的打點落在身體軸心後方，為

了能夠伸出拍面，必須切換成西方式握拍法。反手高遠球的重點，在於讓拍頭帶出速度，因此在揮拍前，須將球拍備妥於靠近身體的位置，並以手肘為支點，搭配內回、外回動作，以像是甩開球拍的方式，提升拍頭速度。

這裡希望各位特別留意，反手高遠球要快速揮動球拍來擊球。

由於反手高遠球是以背對對手的姿勢擊球，無法掌握對手的位置，但反觀對手也無法得知來球將會如何。背對對手時，重點在

> **│ POINT │ 邊倒退邊找出球的落點**
>
> 邊倒退邊追球時，必須讓球與身體保持距離；若跑到球的落點下方，將會無法揮拍，須特別留意。

① 若無法繞頭擊球時，須先以左腳拉出空間。

② 來到背對對手並能擊球的落點位置。

於以自己的身體遮住球拍。如此一來，對手
無法掌握球拍揮出的時間，當然就會比較難
以進攻。

▋POINT

**擊球點落在
身體軸心的
後側**

反手高遠球的
擊球點落在身
體軸心後側，
正好也是踏出
的右腳尖方向
延伸線上。

▋POINT 引拍時用身體遮住球拍

引拍時可用身體遮住球拍，不讓對手輕易得知接下來的球是長距離的
平高球，或是快速墜落的短切球。

③ 以自己的身體遮住球拍。

④ 以手肘為支點，快速猛力揮拍
擊球。

⑤ 以內回、外回動作揮拍，來到
收拍位置。

正手後場區域擊球

DEFENSIVE UNDER STROKE

最重要的是清楚掌握
自己能夠應付擊球的範圍

打羽毛球時，我們當然都希望能站穩原心位置，隨時以最佳姿勢擊球。但當自己擊出的球不夠理想，或是對方回球的難度較高時，往往會讓自己陷入不利的環境。因此，在實際比賽中，如何從非最佳狀態或劣勢情況下，擊出優質的回球就更顯重要。在這裡將向各位介紹從正手後場區域回球的範例。

當被對手逼到正手後場時，最重要的就是像④一樣，移動至能夠擊球（揮拍）的範圍線內。另一方面，盡量別在身體後方擊球也

相當重要。這時的關鍵在於移動至擊球點的最後一步。當距離不足時，也可以使用滑步技巧。

連續照片所呈現的擊球姿勢與在身體斜側方頭上擊球的姿勢相同。以此方式擊球時，請各位務必做到外回→內回動作，迅速揮動拍頭，將球回至深遠處。

| POINT

將身體移動至能夠揮拍的擊球範圍

在被對手逼到正手後場時，各位務必牢記，利用最後的一步將身體帶到球拍能將球揮出的擊球範圍。

⑤ 搭配內旋、外回→內回動作，用力揮拍。

④ 讓球進入能夠揮拍的擊球範圍內。

POINT

搭配滑步

右腳踏出仍無法進到擊球範圍時，則可用移動身體技巧中的滑步方式，順利進入擊球範圍。

POINT

結合大步伐的橫跨步

緊急情況時，基本上就必須拉大步伐距離。許多時候都會採用大步伐的橫跨步，因此髖關節的柔軟度相當重要。

❸ 拉大最後一步跨出的距離。　　❷ 以大步伐的橫跨步迅速移動。　　❶ 當球來到正手後場時。

什麼情況下要擊出怎樣的球？

下一章起將向各位教授基本的擊球重點與練習法。在這之前，先請各位理解每種擊球法分別有怎樣的特性，以及會呈現出的球路。

高遠球：將球擊至對手後場深處，滯空時間長。
平抽高球：擊出時的球路較高遠球低，相當具攻擊性的平高球。
扣球：從較高的角度進行打擊，同時也是最具攻擊性的擊球法。
吊球：在擊球瞬間放開力道，讓球落在靠近球網處。會與平高球及扣球組合搭配。
切球：讓拍面帶有角度，以像是摩擦的方式進行擊球，會與平高球及扣球組合搭配。

挑球：將球打至對手的後場深處，使其防守出現漏洞的擊球法。由於挑球的滯空時間長，因此能爭取歸位的時間。
平抽球：打出的球會與地面平行，且帶速度及力道。擊出時，球會非常靠近球網，發揮影響對手的威力。
接扣球＆撲球：當對手擊出扣球或撲球時的接球法。可選擇挑球、短球、平抽球回擊。

挑球：將球打至對手的後場深處，使其防守出現漏洞的擊球法。由於挑球的滯空時間長，因此能用來爭取歸位的時間。
網前短球：讓球掉落至靠近球網位置的擊球法。擊出對手預期之外的球路，藉此得分。
平抽短球：於靠近球網處，擊出與地面平行，且帶速度及力道的球。以擊球時非常靠近球網的狀態，讓球飛越對手左右兩側，或是擊向對手身體。
撲球：將靠近球網附近的來球以推壓方式擊出，是能夠用來得分的擊球法。
放短球：讓球落在非常靠近球網邊的擊球法，會在要將對手引至網前時使用。

用於後場的擊球法

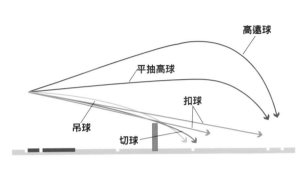

高遠球
平抽高球
扣球
吊球
切球

用於中場的擊球法

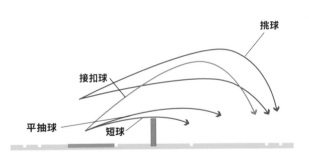

挑球
接扣球
平抽球
短球

用於前場的擊球法

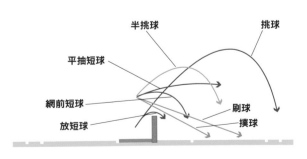

半挑球
挑球
平抽短球
網前短球
刷球
放短球
撲球

第3章

頭上擊球法的變化

本章起將介紹羽毛球會使用到的基本擊球重點。首先會提到在後場及中場經常看到的頭上擊球法。各位不妨搭配這些練習方法,一同掌握擊球訣竅。

高遠球

將球打得「又高」、「又遠」藉此爭取時間

高遠球可說是頭上擊球法中的最基本技術。若能提高高遠球落在底線與後發球線之間的機率，那就可以稱得上是技術相當了得的選手。

無論是怎麼趨於劣勢的姿勢，只要向對手後場深處擊出高遠球，就不用擔心會輕易失分。此外，高遠球屬於能爭取更多時間的擊球法，因此各位還可利用高遠球歸位，甚至再接下來的一球進攻。

高遠球最重要的環節，在於將球打得「又高」、「又遠」，因此如何運用身體，將力道傳遞至羽毛球便相當關鍵。各位必須像棒球投手在投球時一樣，將支撐體重的右腳重心（軸心）移至左腳，並盡可能扭轉腰部，搭配「內回、外回」及「內旋、外旋」動作（參照14～15頁），將球拍揮出。

❶ 預測落球點並做好準備。

❷ 舉起手肘，讓球拍位於照片中位置。

❸ 右腳（軸心）紮實地踏於地面，穩住上半身。

高遠球

頭上擊球的各種技法中，擊出的高度最高，且滯空時間最長的就是高遠球。利用選手移動至後場的同時，還能重整態勢。高遠球雖然不具攻擊力，但能扳回劣勢，重新穩住陣腳，可說是防守時非常重要的技法。選擇高遠球的同時，還能搭配使出平抽高球、切球、扣球等多變擊球法。

高遠球的目標位置

高遠球的目標落球位置為底線與後發球線之間的區域。當對手強逼至前場時，擊出高遠球便可逆轉劣勢

重點 **確認！** **擊出垂直落下的球**

選擇高遠球的目的，在於利用將球擊至對手後場深處的過程中，確保自己可運用的時間。只要擊得愈高，球就會以垂直方式落下，因此揮擊動務必精準到位。揮擊的最佳位置為手臂伸直的最高點。當擊球點落在甜區時，就能讓球飛得又高又遠。

④ 蹬出右腳，開始揮拍。　⑤ 擊拍位置必須落在身體線條之上。　⑥ 確實完成揮拍動作。

高遠球練習法

接下來將向各位介紹後場的平高球擊球練習法。

本頁所提到的內容雖為高遠球的基本練習,但除了平高球擊法外,其他也有許多可搭配的方法。

各位不妨依照選手的實力、人數及練習時間,找出適合自己團隊的最佳練習法。

觸摸了擺放於原心位置的椅子後,發球員朝選手的右後深處發球。 ❶

選手以高遠球擊回落在右後深處的來球。 ❷

練習時間

初中階者→10球×3組
中高階者→25球×5組

V形平高球

在選手側的原心位置擺放椅子,選手必須以高遠球承接發球員朝右後深處及左後深處擊出的來球。選手在擊球後,須碰觸椅子,藉此練習高遠球的連續擊法。選手必須不停重複移動至後場與返回擊球中心的動作。

此練習最重要的部分在於串聯V形步法以及所有的動作,同時須盡早備妥球拍。請各位必牢記,在移動至後場,完成擊球後,要盡快動身回到原心位置。此外,當選手熟悉此練習後,可參考照片⑥,挑戰將椅子移除,以2對1的方式對打練習。

掌握基本擊球法①

3

立刻回到原心位置碰觸椅子。

4

觸椅後，發球員立刻發出下一球。

5

選手以高遠球回擊落在左側後場深處的來球。

6

以2對1的方式練習也相當有成效。

平抽高球
DRIVEN CLEAR

運用低球
將對手逼至後場深處

平抽高球與高遠球為頭頂動作相同的擊球法，差異僅在於球路軌跡。平抽高球的特色在於球路比高遠球來得低。

平抽高球是高度較低、帶速度且具攻擊性的球，可藉此將對手逼至後場深處，甚至打亂其姿勢的低打點擊球法。

能夠將攻擊用的平抽高球及防守用的挑球充分運用的球員，即可稱得上是「擅於單打賽的選手」。各位不妨將此二擊球法策略性地搭配運用。

揮擊平抽高球時的關鍵點在於正確掌握高度。若要擊出斜線的平抽高球，球就必須是能夠飛越對手頭頂的高度。

若是直線的平抽高球，那麼球路較低也不影響擊球效果。但請各位牢記，直線與斜線的平抽高球球路是不同的。

① 邊確認對手的位置及來球，邊做準備。

② 讓身體來到落球點下方，踏穩右腳，穩住上半身。

③ 然後將手肘舉至高處準備。

平抽高球

平抽高球的軌跡較高遠球來的低，是能打亂對手姿勢、更帶攻擊力的擊球法。擊出直線的平抽高球時，球路必須與邊線平行，但切記不可出界。

此外，擊出斜線平抽高球時的重點，在於球路必須夠高夠深，避免球在飛越對手頭頂之前就遭擊回。

平抽高球的目標位置

邊觀察對手的位置及動作，邊將球帶速度地打入對手後場深處。當對手強逼至前場時，以平抽高球回擊會相當有效。

重點 **確認！** **直線與斜線平抽高球的擊球角度**

在準備將球擊出時，對手為了要能接住扣球，一般會採以較低的姿勢。這時就是使出平抽高球的最佳時機。切記要調整距離較長的對角線斜球以及距離較短的直球擊出角度。

④ 當來球進到身體線條上時，將球擊出。

⑤ 擊球角度較高遠球低。

⑥ 確實完成揮拍動作。

平抽高球練習法
HOW TO PRACTICE

接下來的內容同樣是後場的平高球擊球練習法。平抽高球的練習法也可運用在練習高遠球時。

發球員在前方的Ａ球員碰觸球網時發球 **1**

Ａ與Ｂ球員互換位置 **2**

練習時間
初中階者→3分鐘
中高階者→5分鐘

2對1的平高球互換練習

2位選手皆站在球場同一側，邊互換前後位置，邊以平抽高球回擊發球員來球的方式進行練習。當習慣此模式後，則可將活動範圍擴大至整個球場。此外，若是以照片⑥的方式進行2對1練習，那麼發球員也可藉此鍛鍊守備能力。雖然這是平抽高球的練習法，但也可同時應用在高遠球的練習上。

A以平抽高球回球。

B觸網後,發球員即可發出下一球。

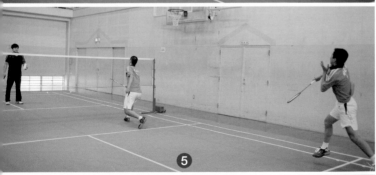

反覆進行上述動作。

當練習選手為3名時,1人一隊的球員也可同時鍛鍊守備能力。

扣球
SMASH

身體進入落球點下方時再用力揮擊

　　扣球是於高點將球直直擊回的擊球法。要讓扣球成功，最大關鍵在於向後退的同時，是否也做好了擊球準備。若是等到退至擊球位置後，才準備揮拍，那麼就錯失了最佳時機。

　　因此，若要擊出一記漂亮的扣球，那就必須迅速進入揮擊位置。「進入揮擊位置」換句話說，也就是「身體進入落球點下方」。其中最關鍵的環節，在於將身體移動至比照

片③還要更後方的位置，站穩步伐鞏固軸心，做好擊球準備。不只是扣球擊球時，上述的準備姿勢也會在進行平高球、切球、吊球等頭上擊球時看到。

　　完成準備動作後，要記得盡可能在較高的位置擊球。將手肘維持高舉狀態，並將身體重心從右腳切換至左腳的時候開始揮拍。此外，打點須落在前方，牢記須在⑤的線上將球擊出。

❶ 當對手擊出一記平高球的機會球時。

❷ 迅速後退，讓身體來到落球點下方。

❸ 以右腳穩住身軀。

扣球

以頭上擊球的各種方法來看，扣球是最具攻擊力的招式。頂尖的男子選手在扣球時的初速度甚至能超過400公里。只要能從高處打點抓對角度及球路，給予對手一記猛攻，便可提高得分機率。進行扣球擊球時的關鍵點，在於如何創造能擊出扣球的條件。各位必須根據對手的來球是吊球或平高球，進而判斷是否採以扣球回擊。

扣球的目標位置

無論是直線扣球或斜線扣球，能將球擊至靠近邊界處是再好不過了。若要將球扣至中場區域，可選擇以對手身體為擊球目標。

重點 確認！ 打點落在右肩上方

當提到扣球時，許多人都會誤會打點必須在頭頂高處，但其實能快速揮出手臂的打點位置是在右肩上方。

④ 將身體重心從右腳轉移至左腳，做好揮拍準備。

⑤ 於身體前側擊球。

⑥ 搭配內回動作，確實完成揮拍。

跳躍扣球
JUMPING SMASH

務必做出扭轉上半身的
空中姿勢

　　要從後場做出跳躍扣球動作時，姿勢和排球的後排攻擊一樣，基本上都必須雙腳跳躍。雙腳跳躍不僅能跳得更高，還能減輕對腳部的負荷。

　　想要成功擊出跳躍扣球，重點在於擊球時，不可讓身體過度拉伸，並且要邊預測打點，邊開始跳躍。這時，上半身於空中還必須做出像照片②一樣的扭轉姿勢，避免擊球時，整個身體變得僵直。

　　跳躍時，更必須注意讓自己的姿勢呈由後向前，而非只是單純直直跳起。此外，由於完成跳躍動作後無法轉移身體的重心，因此要讓身體從扭轉及後仰姿勢歸位。只要如照片④，球拍與手臂的角度有確實形成，便可搭配外旋、內旋與外回、內回動作，完成有力的揮拍。

❶ 迅速進入來的球路後方準備，並雙腳跳躍。

❷ 於半空中維持住身體扭轉姿勢。

❸ 邊讓身體從扭轉及後仰姿勢歸位，邊開始揮拍。

掌握基本擊球法①

跳躍扣球

跳躍扣球即是邊做出跳躍動作，邊盡可能於高點擊球。無論是角度或速度，跳躍扣球都比一般扣球來得更大、更快，因此得分機率相對較高，但從引拍到擊球的過程中，必須在半空中取得平衡。建議可依照選手實力，與一般的扣球搭配使用。

跳躍扣球的目標位置

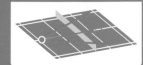

基本上目標位置與一般扣球相同，但跳躍扣球的角度與速度都比一般扣球來的更大且更快，因此得分機率較一般扣球高。

重點　確認！　扭轉上半身的空中姿勢

為了能迅速確實地完成揮拍動作，選手必須在空中躍起時，扭轉上半身，並讓自己從扭轉姿勢中拉回。跳躍時，胸口必須橫倒向側邊，並確認擊球時胸口是否朝向正面！

④ 搭配外旋、內旋與外回、內回動作，完成有力的揮拍。

⑤ 依照左腳、右腳順序著地。

⑥ 做出能讓身體向前移動的姿勢。

對角扣球（正手後場）
COUNTER SMASH

一躍而起
追上來球

以非常快的速度跳躍至落入正手後場的來球，並將其擊出的對角扣球重點，在於以一躍而起的方式，避免擊球位置過低。對此，用力踏出右腳即為非常關鍵的動作。若腳力不足，就難以擴大能做出對角扣球的區域範圍。於正手後場擊出對角扣球時，跳躍過程中須讓自己維持側身姿勢。此時，要讓身軀如照片③～④一樣，呈相當穩定的空中姿勢，做好維持平衡狀態的擊球準備。若這時

身體失去平衡，將會使擊出的球不具威力。

另一方面，由於對角扣球會以跳向側邊的方式擊球，因此也屬於著地後，較容易失去平衡的擊球法。各位務必牢記，當擊完球後，須靠著地腳吸收衝擊，避免身體失去平衡，並迅速回到原心位置。

❻ 著地後，須注意不可讓身體失去重心。

❺ 搭配強力的內旋、內回動作，將球擊出。

❹ 讓上半身於半空中穩住。

對角扣球

當對手以平抽高球進攻時，採取不往後退，迅速移動回球的擊球法即是對角扣球。對角扣球沒有像一般扣球擊球時有充裕的換腳時間，因此大多會以一躍而起的方式擊球。若能分別以正手拍及繞頭方式擊球，那將是最為理想的對戰策略。

對角扣球的目標位置

將落入正手後場深處的來球以對角扣球方式擊出時，雖然同樣可分為直線球與斜線球2個方向，但直線球的成效較大。若能精準地將球擊入邊界區域，便可提高得分機率

重點 確認！ 確實完成著地動作

在進行對角扣球時，若想迅速進入接下來的備戰狀態，那麼就必須讓自己在半空中的姿勢穩定及完成紮實的著地動作。各位務必利用著地的右腳吸收衝擊，並迅速歸位。

❸ 維持側身姿勢，進行橫向跳躍。

❷ 右腳用力蹬地。

❶ 來球落入正手後場。

對角扣球（繞頭）
COUNTER SMASH

以繞頭的對角扣球
持續進攻

在面對反手後場的來球（身體左側）時，繞過來球並以正手擊球即為繞頭對角扣球。由於繞頭對角扣球比反手回球更具攻擊力，因此對羽毛球而言，繞頭可說是不可或缺的技巧。

繞頭對角扣球時踏出的雖是左腳，但這時最重要的，反而是身體在空中是否穩住重心。若能像照片③一樣，在跳躍時讓身體呈平衡狀態，就能擊出好球。

跳躍擊球時無法做出多餘動作，當你身在在半空中時，唯一能做的就是將球拍下揮的動作。為了能完成此擊球，正確的準備工作便相當重要。

對角扣球是將對手來球擋下的擊球法。最大目的為在對手做好準備前就將球擊回。若各位能抱持著「當有機會時，就跳躍攻擊」的進攻態度進行比賽，那就非常有機會順利得分。

1 當球落至反手後場時。　　**2** 踏出左腳。　　**3** 穩住身體，做出在半空中的姿勢。

掌握基本擊球法①

重點 確認！ **以左腳躍起、以左腳著地**

當要朝繞頭側躍起時，踏出及著地的皆為左腳。換言之，要進行繞頭對角扣球時，左腳腳力可是非常關鍵的要素。另一方面，由於繞頭對角扣球須在移動側邊後擊球，因此著地後非常容易失去平衡。請各位務必做到確實地以左腳著地後，順勢再將左腳踏出，讓身體歸位原心位置的動作。

4 當球進入此線上時即可擊出。

5 外回的收拍動作。

6 確實地以左腳著地。

扣球練習法

HOW TO PRACTICE

扣球的練習方法同樣相當多元，這裡將向各位介紹兩種基本練習方式。進行對人練習時，除了擊球者（扣球）外，接球者也必須預想實際比賽時可能遇到的情況，思考該如何配球。

於球場單側擊出扣球後即可開始。**1**

面對對手的短球時，以放短球回擊。**2**

將對手的平高球以扣球擊回，並重複上述動作。**3**

練習時間
初中階者→3分鐘
中高階者→5分鐘

1對1的扣球及接球

以扣球→回短球→放短球→挑球→扣球順序進行練習。從後場扣球後，對手會立刻擊回，因此須快速地朝前場移動。此外，也可將此練習調整為扣球→回長球→平高球→挑球→扣球模式。

練習時間

初中階者→5～10分鐘

中高階者→10～20分鐘

以2對1進行練習。

在前場時，以挑球（也可放短球）擊回。邊思考下一球路，邊持續練習。

在後場時，以扣球（也可改成切球）進攻。

2對1的扣球及接球

1人一隊的選手在後場時，須使用扣球。進入前場時，則可自由選擇放短球或挑球，以實戰情境模擬練習。進行2對1的練習時，1人一隊的選手練習量雖然較大，但更必須隨時謹記擊球中心，在不失誤的前提下，完成連續對打中的每一記來球。

平高球及扣球相互搭配的
策略性對戰法

要讓吊球成功奏效的第一個關鍵，在於如何將吊球打得跟平高球及扣球的姿勢一樣。當對手誤以為來球會是平高球或扣球時，就能延遲對手的第一步，順利以假動作使出吊球。最重要的，就是別讓對手在球擊出之前，知道此球為吊球。

讓吊球奏效的第二個關鍵，在於別讓球路過長。為了將對手引至網前，打亂其節奏，建議各位至少要以不超過前發球線為目標擊出吊球。最佳落點是能夠過網的最低位置。

吊球追求的是柔軟的力道及細膩的拍擊。只能透過大量練習，掌握擊球瞬間的力道掌控、拍面觸球時的角度，以及俐落的收拍動作。請各位務必反覆練習，牢記擊拍時的感覺與距離。

6 收拍動作必須夠俐落。

5 繃住身軀，輕輕地擊球。

4 做出與平高球及扣球相同的揮拍動作。

吊球

吊球與平高球、扣球同屬頭上擊球法，而吊球是將球從後場擊至網前後落下。接球方法與擊球準備動作皆與平高球、扣球相同，最好的方法就是擊球瞬間停止轉動身體，並讓球過網時能夠非常貼網。

吊球的目標位置

吊球是讓對手乍看之下是往後場飛去，但其實是落在前場的擊球法。以直線擊出後，必須讓球非常貼網。

重點 **確認！** **與其他擊球法的姿勢相同**

在尚未將球擊出前，都還能思考究竟是要選擇平高球、切球或是吊球。建議各位最好能先擺出相同姿勢，並利用前臂的動作，讓球落在前發球線之前。

❸ 穩住身體軸心。

❷ 做出能讓球確實飛出的準備動作。

❶ 迅速進入來球的落點位置之下。

吊球練習法
HOW TO PRACTICE

吊球與切球等球路較短的擊球法必須依照對手的位置或動作（預測），在瞬間做出要使哪種球的判斷。接下來將向各位介紹能駕馭這些擊球法的練習方式。

首先是吊球練習法，由於練習過程中的擊球皆屬短打，因此此類練習一般又稱為「全短打」。各位務必牢記，在擊球時，無論是扣球或平高球都必須採相同姿勢，讓對手無法預測來球球路。

以2對1方式練習。 ❶

於正手後場擊出吊球後。 ❷

練習時間
初中階者→3分鐘
中高階者→5分鐘

吊球基本練習（全短打）

以2對1方式練習，2人一隊的選手必須朝正手後場及反手後場持續挑球。1人一隊選手在完成吊球擊球後，務必回到原心位置，並將後場的深遠球以直線吊球或斜線吊球方式擊回，持續對打練習。

72

回到前場。

朝反手後場飛去的挑球移動。

利用吊球將球擊回,並反覆
此練習模式。

73

切球
CUT

讓拍面斜擦羽球側邊
以短距離方式擊回

切球的揮拍姿勢與扣球、平高球相同，但拍面會帶角度，以斜擦的方式將球擊回。擊球的時機大約是當來球側邊三分之一的面積與拍面接觸時，再以斜擦方式擊回。與用力揮拍的速度相比，切球球速較為緩慢，因此也可做為假動作運用。此外，與其他用完整拍面揮出的擊球法相比，切球的失誤率較高，因此各位務必留意，不可讓斜擦角度過大，並掌握與來球間的距離。

除了上述的切球外，還有從來球左側斜擦擊回的反切球技法。切球的位置大約會是來球左側的三分之一處。使出反切球時的拍面控制難度較高，因此擊球的瞬間必須記住，要讓拍面朝來球左側靠去。各位不妨以結合完整動作的反覆練習，提升自己的切球或反切球技術。

切球

① 做好準備，不可讓對手猜出球路。 ② 揮拍。 ③ 將拍面揮入來球右側。 ④ 朝斜線方向擊出。 ⑤ 完成短距離切球。

反切球
REVERSE CUT

切球與反切球

切球的重點與吊球相同,都是從後場位置擺出讓對手誤以為是平高球或扣球的擊球姿勢,並斜擦來球,讓球短距離落下。除了斜擦來球右側的「切球」外,若還能同時熟悉斜擦來球左側的「反切球」技法,那將更為理想。

切球的目標位置

反切球

切球

從球場右後位置擊出短距斜球、從球場左深處則擊出反向的短距斜球。最理想的是能像右方照片一樣,讓球落在相同位置。

重點 確認!

切球時,拍面大約必須接觸來球右側三分之一的面積。球的軌跡與旋轉方向會如右上方照片所示。

反切球時,拍面大約必須接觸來球左側三分之一的面積。球的軌跡與旋轉方向會如右下方照片所示。

反切球

⑤ 完成短距離反切球。

④ 搭配強力的內回動作,將會更容易出拍。

③ 將拍面揮入來球左側。

② 揮拍。

① 做出繞頭動作。

「切球＋反切球」的作戰策略

CUT&REVERSE CUT

羽毛球是相當講究策略的競技。該使出何種擊球法，促使對手移動，並讓對手防守出現漏洞，趁勢給予決定性的一擊……能夠思考出這樣一連串作戰策略的選手，才是真正的強手。想要讓作戰方式具策略性，就必須讓自己能夠運用的擊球法夠多樣化。換言之，只要能使出的擊球招式愈多，就愈能讓作戰策略更多變。

請各位參照照片①～②。這是我們常在正手後場會遇到的情況。當遇到同樣情況時，各位會選擇哪種擊球法呢？其中一定有平高球，也可以選擇扣球，當然還有直線的短吊球。然而，各位看了照片②的擊球後應該會發現，選手在這裡選擇了落入對手正手前場

的切球。會選擇以此方式擊回，表示選手對自己的切球技術相當有自信。對於預期擊球區域會落在後場的對手而言，在看到切球後，除了必須掌握後場的來球外，更要注意球是否會落在左前區域。因此，只要讓自己多學會一種擊球法，就能加大對手必須防守鞏固的範圍。

照片③～④為選手從反手後場將反切球擊至對手右前方的情況。相信對手應該是猜測來球為平高球或直球吧。只要學會了反切球技法，對手除了要鞏固後場外，更須注意左前與右前區域。換言之，選手能夠擊出的球路也更為多元。

結合繞頭動作的反切球確實頗有難度，再

將球從正手後場擊出。　❶

利用切球讓對手移動至右前方。　❷

加上實際對戰時，用到的機會也少，因此練習的時間也就相對較少。然而，光是「會反切球」或「不會反切球」就能讓技術表現天差地遠。鍛鍊擅長的擊球法，讓技術更為精進固然重要，但如何透過練習，讓自己擁有更高階的技術，同樣是不可忽略的環節。

從中線擊出切球時，落球位置會是①的箭頭方向，若從正手後場擊出，那麼球位置將會是②的箭頭方向。無論①或②，最好都能讓球落在網前。

結合切球的作戰方式

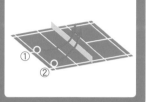

將球從反手側深處擊出。

③

利用反切球讓對手移動至左前方。

④

這裡要向各位介紹的切球練習法與72～73頁提到的吊球相同,都會以「全短球」方式進行。

在使出短距離的切球或吊球時,能確實控球,將球打成直線或斜線的技巧相當重要。各位不妨觀察對手的位置及動作,擊出最具效果的球路。進行2對1練習時,也能以調整設定(加入扣球或平高球)的方式,讓練習變得更像實際對戰。

從正手後場擊出切球。 **1**

接住落至左前方的短球。 **2**

練習時間

初中階者→3～5分鐘
中高階者→5～10分鐘

切球基本練習(全短球)

於正手後場擊出斜線切球,對手回短球至左前方。接著放一記短球,再以反切球方式,短距離擊落對手的反手後場挑球。這裡雖然是以斜線切球擊回,但也可以選擇直線切球,透過更接近實際對戰的模式,進行連續對打練習。

放一記短球。

接住對手的反手後場挑球。

接住對手的反手後場挑球。

反手高遠球

強化防守時不可或缺的擊球法

當我們遇到無法以繞頭方式接住對手擊入反手後場的來球時，就必須使出反手高遠球。反手高遠球一直被認為是遇到緊急情況時才會使用的手段，但搭配能落入後場深處的平高球、短距離的切球及吊球，策略性地將球擊至對手場中的四個角落，同樣具備攻擊效果。

反手高遠球的重點在於背對著對手朝後方移動，落球點是比身體更後方的位置。反手高遠球必須像照片③～⑤一樣，背對著對手擊球，因此較難控制擊出時的方向感。但只要反覆練習，各位應該就能立刻掌握擊球時的手感。

針對反手高遠球的技巧，若直接以東方式握拍法擊出反手高遠球，會使拍面稍微朝外，因此必須加入些許西方式握拍法。另一個非常重要的關鍵，則是必須加快拍頭速度，以平拍面將球擊出。在掌握了反手高遠球的訣竅後，不妨與直線或斜線的平高球及切球做搭配運用。

只要熟悉這些擊球法，就算被對手逼到反手後場也不用擔心。

① 遇到無法以繞頭方式接住反手後場的來球時。

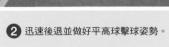

② 迅速後退並做好平高球擊球姿勢。

③ 落球點的位置必須比身體更後方。

反手高遠球

當我們遇到無法以繞頭方式接住對手擊入反手後場的來球時，就必須使出反手高遠球。各位或許會認為，於反手側以背對對手的方式擊球難度很高，但只要掌握重點，即可自在地運用反手高遠球。若能以平高球及切球為主，搭配反手高遠球將球擊至球場的四個角落，同樣具備攻擊效果。

反手高遠球的目標位置

進行防守時，我們會將反手高遠球擊至後場深處，但若想進攻時，則可採反手高遠球姿勢，打出落在網前的吊球或切球，將會相當有效果。

重點 確認！ 須轉換成西方式握拍法

若以東方式握拍法擊出反手高遠球，由於拍面會帶角度，使得球朝斜線飛去。因此選擇反手高遠球時，必須稍微帶點西方式握拍法，將拇指貼把的動作做的比平常的反手拍更加確實！

東方式＝斜拍面

西方式＝平拍面

④ 將手肘固定於高處。

⑤ 稍微切換成西方式握拍法，以平拍面將球擊出。

⑥ 當前臂使出強勁的內回→外回動作時，結束會呈現上方的姿勢。

在遇到無法以繞頭方式擊回的來球時，就必須使出反手高遠球技法。基本練習時，會使用半邊球場，進行以直線回球為主的練習。應用練習時，則會使用整個球場，對直線球及斜線球進行充分訓練。

進行半邊球場練習時，針對落入左後方的挑球。①

以直線的反手高遠球擊回。②

練習時間

初中階者→3～5分鐘
中高階者→5～10分鐘

反手高遠球的基本練習

第一步驟是使用球場的左半邊，進行1對1練習，針對落入反手後場的挑球，以側身姿勢移動，搭配直線反手高遠球將球擊回後，立刻歸位回到網前。反覆連續地進行將反手後場的挑球以直球擊回的練習。進行1對1應用練習時，則將移動範圍擴大至整個球場，並可擊出直線或斜線的反手高遠球。技術夠好的選手除了平高球外，還會搭配切球擊球，模擬實際對戰。

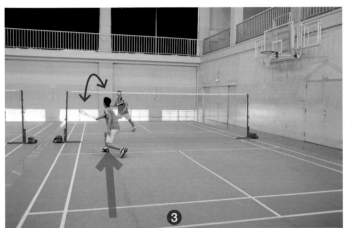

以短球擊回。

側身移動至對手擊出的挑球落球處,並以直球擊回,重複練習上述動作。

應用練習時的移動範圍會擴大至整個球場,並可選擇擊出直線或斜線的反手高遠球。

第4章

掌握基本擊球法②

側邊／低手擊球法的變化

接下來將向各位介紹使用於前場與中場的擊球法。高度藉於肩膀到腰際間的側邊擊球，以及打點低於腰部的低手擊球，是實際對戰中常運用的技法。請各位務必充分掌握擊球重點。

平抽球（正手）
FORE-HAND DRIVE

確實做出前臂的
制式揮拍動作

平抽球是從中場將球擊向對手方兩側或身體的攻擊性技法。使出平抽球時，最關鍵的重點在於必須讓球的軌跡與球網平行，避免球上飄，讓打點盡可能落在前方。此外，平抽球並非一球即可得分的技法，因此各位必須抱持著連續擊球的觀念，讓收拍動作更為俐落，以進入下一球的備戰狀態。

正手與反手平抽球的概念相同，都必須在將腳踏出的狀態下擊球。若擊球點位置夠高，且力道強勁，那麼就能讓球由上往下墜落，形成利己的局勢。雖然也可選擇比球網更低的打點，並讓擊出的球緩慢下墜，但這時務必要讓球路貼網，同時把重點放在球的下墜程度。

正手平抽球技術相當好的選手，會利用前臂的制式揮拍動作將球擊出。若能擁有十足的腕力，並以俐落的揮拍將球擊出，那麼正手平抽球也能運用在節奏緊湊的雙打賽中。

1 呈立腕姿勢。

2 維持右腳踏出姿勢，然後稍微向後引拍。

3 打點必須落在身體前方。

正手平抽球

正手平抽球就是將身體旁的右側來球回擊，讓球帶速度且相當貼近球網。在雙打賽時，正手平抽球更是能同時運用在攻擊與防守的多變化擊球法。若想讓正手平抽球帶速度，就必須讓前臂做出外回→內回的動作，以及確實地運用腕力。

平抽球的目標位置

平抽球基本上會擊向對手左右兩側的區塊。此外，瞄準對手身體也頗具成效。面對雙打賽中，2位對手並排的站法時，則可將擊球點瞄準2人之間的防守空隙。

重點 確認！ **以前臂俐落揮拍擊球**

平抽球是使用前臂，而不動到肩膀的擊球法。透過內回（向後引拍）→外回（擊球）動作，即可快速猛力揮拍。此外，若能將揮拍動作練到能制式揮出，擊出的球也會相對穩定。

④ 以像是由上朝下推壓的方式將球擊出。

⑤ 讓球路與地面平行。

平抽球（反手）
BACK-HAND DRIVE

積極做出內回→外回的揮拍動作

進行雙打時，常常能看到兩邊相互以平抽球進攻，因此以正手及反手交替擊球便相當重要。反手平抽球與正手平抽球一樣，基本上都必須以立腕姿勢向後引拍，並讓擊球點落在身體前方。此外，進行反手平抽球擊球時，更別忘了讓拇指貼把，並積極做出內回→外回動作，以像是推出去的方式將球擊出。

完成向後引拍時，選手的姿勢理當會像照片②～③一樣，握把把底朝向對手。若握把把底有確實朝向對手，即表示做好了外回動作的準備。揮擊時，務必隨時掌握像照片④中，手腕與球拍的角度。

平抽球是較常使用於中場位置的擊球法，但在面對雙打賽中對手採前後站位時，一旦前排出現防守漏洞，選手也能從後場擊出平抽球進攻。各位務必勤加練習，讓自己能俐落揮拍，帶出球速。

⑤ 迅速轉動拍頭，將球拍推出。

④ 以手肘為支點，做出揮拍。

反手平抽球

反手平抽球就是將身體旁的左側來球回擊，讓球帶速度且相當貼近球網。想擊出反手平抽球，就必須搭配立腕與拇指貼把的技巧。若想讓反手平抽球帶速度，就必須以維持在高處的手肘為支點，積極做出內回→外回的揮拍動作。

平抽球的目標位置。

重點 確認！ 牢記揮拍時，須以手肘為支點

確認向後引球時，手肘是否位處高點，且握把把底朝向對手。若充分做到內回→外回動作，那麼擊球結束時，拍面理當會朝向地面。

③ 試著讓打點位置落在身體前方。

② 向後引拍，讓握把把底朝向對手。

① 當來球落入身體左側時。

平抽球練習法

練習反應必須夠敏捷的平抽球時，若同時加入步法移動，效果將會更加顯著。進行2對1練習時，若1人一隊者為接球方，那麼就是單打練習，若2人一隊者為接球方，那麼2人可藉由輪轉打法，做到雙打練習。

正手側邊

於正手側邊擊出直球。　1

練習時間

初中階者→3分鐘
中高階者→5分鐘

擊球完後，朝左邊移動。　2

2對1輪轉
平抽球練習

於半邊球場進行2對1練習，必須設定2人一隊者僅可擊出直球。若利用球場右半邊進行順時針輪轉，那麼將可練習正手平抽球。若利用球場左半邊進行逆時針輪轉，那麼將可練習反手平抽球。這樣的模式對1人一隊的選手而言，將能練習如何咬緊牙根地接住每記來球，對2人一隊的選手而言，則可作為熟悉輪轉搭配的雙打練習。

位置互換。　3

擊出直球。　4

反手側邊

① 於反手側邊擊出直球。

② 移動模式與正手側邊相同。

練習時間

初中階者→5分鐘
中高階者→10分鐘

③ 於反手側邊擊出直球。

正反手交互平抽球

移動模式與正手側邊相同。

若反手側邊也進行相同的練習，那麼在以反手平抽球回擊時，便能讓兩人的輪轉更為順暢。

撲球（正手）
FORE-HAND PUSH

快速踏出步伐
打擊位置要夠高

　　撲球是將飄至網前的來球用力擊回對手場中的擊球法。若能充分運用撲球，將可中斷與對手間的連續對打。

　　撲球的擊球位置雖然較球網高，但若太過接近球網，將有可能不慎觸網犯規。因此跨出腳步時，必須確保在網前有揮拍的充足空間。比起打擊位置，撲球更重視打擊的高度，請各位務必盡可能做到高處擊球。

　　正手撲球雖然須在踏出右腳的同時揮拍，但在這之前，更必須做好立腕的揮拍預備動作。此外，在揮拍前搭配後擺（參照右頁說明）動作也是重點之一。

1 當對手的來球是個機會球的時候。

2 做出立腕動作，備妥球拍。

3 像是將整個身體撞上去一樣踏出右腳。

正手撲球

撲球就是當對手的平抽球或放短球打得不夠到位，形成機會球時，選手立刻向前將球扣回對手場中的擊球法。撲球的揮拍動作必須夠俐落，且須讓球拍在球網附近帶角度。這時，要能順利撲球的必要條件，就是跑至網前的步法。

撲球的目標位置

撲球基本上會瞄準對手兩側的防守空隙。此外，若要瞄準對手身體時，則可將撲球擊向讓對手最不容易接球的握拍手腕處

重點 **確認！** **後擺動作**

後擺是指即將揮拍時，瞬間將手腕朝擊球方向（前方）的反向側（後方）彎折。加上此預備拉伸動作後，選手就能像揮鞭一樣揮動手臂。

④ 擊球前將球拍後擺，讓打點盡可能夠高。

⑤ 朝對手場中將球撲擊出去。

撲球（反手）
BACK-HAND PUSH

比賽中頻繁出現
失誤也相對較高的擊球法

　　想以反手擊出有力的撲球其實比想像中困難。其理由除了是反手比正手更不容易使力外，選手也較少遇到以反手拍由上朝下擊球的經驗。但在實際比賽中，比起正手撲球，我們反而較常看到反手撲球。這是因為我們若以反手接住正面的來球，回擊的動作會更為順暢。若想強化實戰時的表現，反手撲球將是不可忽略的練習項目。

　　反手撲球時，重點要素與正手拍相同，皆

為做足準備動作（立腕＋拇指貼把）及踏出的步伐要夠大。但反手撲球的發揮程度較正手撲球小，因此必須將動作單純化，務必確實揮動球拍，而非只是將球擊回就好。此外，若選擇撲球回擊時，會讓自己的後場出現防守空隙，有時甚至會讓對手逆轉得分。因此選擇撲球時，就要抱持著「先馳得點」的態度。

① 將球拍置於反手側，拇指貼把。

② 讓球拍呈立起狀態，同時向後引拍。

③ 踏出右腳，將整個身體用力蹬出。

反手撲球

反手撲球就是當對手擊出的球落在反手側，形成機會球時，選手移動至網前並將球擊回的擊球法。反手撲球較正手撲球不易施力，因此要讓手肘固定於高處，確實將球拍揮出。

撲球的目標位置

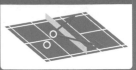

重點 確認！ **手肘固定於高處**

若想讓球拍的位置夠高，就必須將手肘固定於高處。當做好預備動作後，只須將球拍俐落確實地由上往下揮出即可。各位不妨確認球拍最後是否朝向地面！

④ 盡可能讓打點位置夠高。　　　⑤ 確實完成揮拍動作。

撲球練習法

　　練習內容須依照球員的技術水準進行調整。這裡介紹的內容雖然是讓自己熟悉撲球動作的練習法，但其中也會提到基本的接拋球練習與1對2的應用練習方式。各位不妨循序漸進，學會能幫助得分的撲球技法。

當選手擊出落在正手側來球時。　①

發球者將球拋向反手側。　②

選手反手擊球後，立刻移動至正手側。　③

練習時間

初中階者→20秒×5組
中高階者→30秒×10組

接拋球的基本練習

將發球員拋出的球以正反手交互應用的方式，進行連續撲球。熟悉了上述模式後，發球員更可不依照正反手順序地隨意拋球，強化選手的練習效果。擊球前與擊球後，要立刻做好下一準備動作。

掌握基本擊球法②

① 以1（撲球）對2（接球）進行。

② 撲球側將球擊回，目標拿下分數。

③ 接球側盡可能將球擊回。

④ 進行連續對打，直到撲球側得分為止。

1對2的應用練習

此練習法為1人一隊者負責撲球，2人一隊者則只能接球，是模擬擊球後，對手一定會將球接住的練習模式。撲球側必須以得分為目的，將球配至對手場中，接球側則要盡力接球，讓對手能連續撲球。

練習時間

初中階者→20秒×5組

中高階者→30秒×10組

正手挑球
FORE-HAND LOB

羽球對打中
相當重要的擊球法

挑球是羽毛球賽事中非常重要的擊球法。一般人都會認為，挑球就是將球擊向後場的防守技法，但若讓挑球帶攻擊性，將能讓自己的球路更具策略性。我們會說「擅長挑球的選手在單打表現會特別傑出」，也是因為這類選手能策略性地結合攻守戰術。

挑球基本上是將落入前場的短球擊回對手後場的技法。若想以挑球達到防守效果，球就必須「夠高、夠深」，若想以挑球進攻，那麼球的高度球必須「非常貼近球網」，因此能否自由調整擊球高度更顯重要。

正手挑球的重點，在於移動至網前的步法。若下半身不夠穩重，將無法擊出正確的挑球。最完美的挑球，是邊將右腳伸向落球位置，邊沉住氣，直到最後一刻，才讓對手知道下一球究竟是挑球還是放短球。

1 當短球落入前場時。　**2** 迅速上前。　**3** 踏出右腳，呈弓箭步姿勢。

挑球

挑球就是將落在網前的短球,以低手拍擊至對手後場深處的擊球法。挑球雖然有時也會用在避免屈於弱勢的防守上,但也可選擇有攻擊性地將球挑至對方頭頂附近。搭配放短球技法,將能讓攻擊策略更加靈活。

挑球的目標位置

挑球基本上會瞄準後場深處空隙。要讓自己能分別以正、反手擊出直線挑球及斜線挑球。

重點 確認! 擊球時,拍面朝向對手

在以低手處理網前球時,最重要的就是在擊球前,讓對手無法掌握球路。若擊球前做出拍面朝向對手的動作,那麼對手就無法得知下一球究竟是放短球,還是挑球!

④ 拍面朝向對手。　　　　　　　⑤ 注意高度,將球向上擊出。

反手挑球
BACK-HAND LOB

利用俐落的揮拍動作
將球確實擊出

各位在比賽時務必牢記,挑球與放短球是「兩個一組」的擊球法。實際比賽中,若來球與照片③～④的高度相同,那麼還能並用放短球技法。挑球,能讓對手回到後場;放短球,能讓對手趨至網前。若這兩種技法運用得宜,那麼低手擊出的球也能用來進攻。

反手挑球的重點,在於要稍微向後引拍,讓球飛得夠遠。若想讓擊出的球距夠長,那就不可揮動整個手臂,而必須利用前臂的內回→外回動作,搭配手腕的彎折姿勢,迅速做出前臂揮拍。

為了不讓對手先知道球路,反手挑球與正手挑球一樣,都必須做出照片③～④中,拍面朝向對手再揮拍的動作。若想將球挑至後場深處,擊球後,就必須將球拍高度確實地拉至照片⑤的位置。

⑤ 精準地使出外回→內回動作,然後將球擊回。

④ 拍面朝向對手。

重點 **確認！** 腳跟先著地

趨前挑球時，務必要讓上半身挺直。這時候就必須做出腳跟先著地的弓箭步姿勢，要穩住上半身，然後再揮拍！

❸ 做出弓箭步姿勢。　　❷ 踏出右腳。　　❶ 當來球是落在網前的短球時。

挑球練習法

　　進行挑球練習時，若能以階段性的方式，依照選手的技術水準，調整練習量，那麼效果將更顯著。這裡向各位介紹接拋球基本練習，以及1對1的兩種應用練習法。各位務必將這些練習放入平常的訓練中。

接拋的基本練習

反覆將發球員拋出的短球，於正手前場（球場右半邊）及反手前場（球場左半邊）挑球擊回。其中還可選擇直線挑球或斜線挑球。

發球者將球拋至球場右側。 **①**

選手以挑球擊回正手前場的來球。 **②**

發球者將球拋至球場左側。 **③**

選手以挑球擊回反手前場的來球。 **④**

練習時間

初中階者→10球×3組
中高階者→10球×5組

①當對手擊出切球時。

1對1的應用練習（防守用挑球）

以1對1的模式，連續將對手的切球用挑球擊回。這裡雖然會先在右半邊的球場進行，但熟悉練習後，則可將範圍擴大至全場。各位務必掌握直線挑球與斜線挑球的距離感差異。

②以挑球擊回至後場深處。

練習時間

初中階者→3～5分鐘

中高階者→5～10分鐘

①以放短球回擊切球。

②朝對手頭頂擊出帶攻擊性的挑球。

1對1的應用練習（進攻用挑球）

面對對手的切球，先放一記短球，使得對手來到網前，接著再以帶攻擊性的挑球，瞄準對手頭頂附近。雖然會先在左半邊的球場進行，但在熟悉練習後，則可將範圍擴大至全場。

練習時間

初中階者→3～5分鐘

中高階者→5～10分鐘

103

接球
RECEIVE

關鍵在於
做出正確的接球面

想接住對手的強勁來球，基本上沒有充裕的反應時間，因此必須邊思考要回長球或平抽球的同時，邊做好準備姿勢。

正手接球須蹬出左腳，讓身體朝來球的方向移動。想接住速球，最重要的就是讓拍面夠穩。只要拍面夠穩，即便姿勢不佳，還是能將球擊回。要穩住拍面，則必須像照片②～③一樣，做出像是「擋牆」的姿勢。

反手接球時，當來球距離身體不遠時，跨出一步朝來球移動，若距離身體較遠，則跨出兩步朝來球移動。請各位務必牢記「近球走一步、遠球走兩步」。

此外，接撲球的重點，在於無論是正手或反手，都必須在身體前方接住來球。各位在接撲球時，請隨時記住下半身要夠低，並在膝蓋前方將球擊出。

正手

❹ 搭配些許的收拍動作，讓球飛出。

❸ 像是利用拍面做出擋牆的感覺。

❷ 左腳蹬地，做出弓箭步姿勢，穩住身體。

❶ 壓低重心，做好接球準備。

接撲球

接球就是將對手的撲球或扣球擊回的擊球法。由於接球需要快速的應變能力,因此必須採前傾姿勢,並抓準時機,讓正手接球與反手接球都具備強勁的攻擊力道。

接球的目標位置

接球基本上會瞄準後場深處的空隙擊出。若能同時回短球,將有機會逆轉攻守情勢。

重點 確認!

於膝蓋前將球擊出

做好像擋牆一樣的接球面後,然後在膝蓋前方將球擊出。這時雖然無法做出大幅度的揮拍,但各位務必要靠平常的練習,讓球能夠飛到後場深處。

當來球距離身體遙遠時

當對手從球場左側將球擊至反手側時,跨一步的距離是無法追到來球的。這時就要跨出兩步,並以封閉性擊球姿勢將球擊回。

反手

① 當速球落至左側時。
② 右腳蹬地,接著踏出左腳。
③ 做出弓箭步姿勢,穩住身體。
④ 於身體前方將球擊出。

身體呈反手拍姿勢

上一頁的內容提到了對手朝左右側擊出強力球時的接球法，但若對手選擇撲球或扣球時，往往會朝選手的身體擊去，增加接球難度。因此各位平常就必須多加練習如何接住朝身體正面飛來的來球。

各位務必牢記，在面對對手的強勁來球時，守備範圍的3～4成須以正手應對、6～7成則須以反手應對。擅長接球的選手多半會做出反手姿勢備戰。

這是因為面對朝身體正面飛來的來球時，以反手擊回會較為輕鬆。正手接球的話，自己的身體反而會在揮拍時形成阻礙，若改成反手接球，那麼就能處理身體前方的來球。拇指貼把雖然是反手擊球時要求的基本動作，但接球時，或許會沒有充足的時間做出拇指貼把動作，因此平常也要練習，讓自己能直接以東方式握拍法將球擊回。

❶ 當對手的來球為近身球的時候。

❷ 讓球落在左腰線條上。

❸ 以反手拍接球。

接近身球

近身球是對手以撲球或扣球朝身體正面擊來時,將球接住的技法。遇到這類朝身體正面的來球時,反手拍的防守範圍會比正手拍更大。

接近身球的目標範圍

重點 確認! 反手拍的守備範圍

如照片所示,為採用東方式握拍時,反手揮拍能夠守備的範圍。反手拍時,球拍的可動範圍較大,因此基本上會保持反手握拍的姿勢。

① 當對手的來球為近身球時。

② 讓球落在右腰線條上。

③ 以反手拍接球。

接球練習法
HOW TO PRACTICE

想要強化接球能力，就要不斷反覆進行大量的接扣球與接撲球練習。接球的練習方法非常多元，這裡向各位介紹兩種基本練習法。

採1對1方式練習。①

對手不斷撲球。②

練習時間
初中階者→3分鐘
中高階者→5分鐘

選手則持續接球，盡可能累積球數。③

1對1的撲球接球練習

採1對1的持續練習法，一邊負責撲球，另一邊則以平抽球接球。這裡的練習範圍雖然包含全場，但若改於半邊球場進行，對於球技較淺的選手而言，也能達到練習效果。此外，若接球時能搭配回擊長球或短球，將會讓練習更接近實際比賽。

108

1對2的接球練習

採1對2持續練習,活動範圍為全場,選手必須不斷接住對手的扣球、切球及吊球。

只要事先規定2人一隊者的擊球方向(照片中限定只能擊出直球),選手便可掌握來球方向,如此一來就能拉長連續對打的次數。

① 採1對2方式練習。

② 反手接住直線扣球。

③ 以挑球擊回直線切球。

④ 將球擊出後,立刻準備接球。

練習時間

初中階者→3分鐘

中高階者→5分鐘

放短球（正手）
FORE-HAND HAIRPIN

能夠駕馭球網的選手
就能駕馭比賽

放短球是指將對手擊來、靠近球網的吊球或切球，一邊向前移動，一邊擊回於對手網邊的擊球法。放短球雖然不講求速度，但需要絕佳的觸球與控球能力。正如同羽毛球界會說「能夠駕馭球網的選手，就能駕馭比賽」一樣，放短球可比喻成是球網運動最根本的擊球法。

放短球時最關鍵的重點，在於迅速移動向前，擊球點要盡可能夠高，且擊球時要穩住拍面。想放一記漂亮短球的話，就必須做到

「穩住拍面，不要有多餘的動作」。不擅長放短球的人往往會在擊球瞬間想要做些補強動作，但真正會放短球的選手都會維持出拍角度，採取單純以移動身體的方式，切入落球區域。

正手放短球時，最重要的就是不要有多餘的動作。盡可能於高點接球，切記不要大幅度地移動球拍，而是試著「以拍持球，將球推送」。

1 迅速朝落在網前的來球移動。　　**2** 將拍面固定在高處。　　**3** 維持拍面角度。

放短球

放短球就是與對手相隔著球網,並以倒 U 字形的弧度將球擊回給
對手的技法。放短球的軌跡就像固定頭髮的髮夾一樣,因此稱為
hairpin(髮夾之意)。放短球不僅要依照對手的位置改變球速,
還必須確保球能飛過球網,可說是需要相當細膩技巧的擊球法。

放短球的目標位置

放短球時,必須讓球以非常貼網
的方式,落入對手的網前區域。

重點 **確認!** **擊球點要夠高,拍面要夠穩**

想要讓球擊出時非常貼網,就必須掌握以拍持球,將球推
送的感覺。切記不要做出像是將球彈出的多餘動作!

④ 只須將球拍向前切。

⑤ 球就能像是被推送出去一樣,
貼網落入對手場中。

放短球（反手）
BACK-HAND HAIRPIN

擊球的位置要與視線同高

反手放短球時，須拇指貼把，朝網前移動。以弓箭步穩住身體，並將拍面置於高處做準備，將球以非常貼網的方式擊回對手場中。想要穩定控制來球，擊球位置就必須與視線同高。放短球典型的失敗範例都是因為擊球位置過低，造成擊球時出現立腕的姿勢。如此一來就較難讓球貼網落下。

放短球時的另一重點，就是球尚未與球面接觸時，不可握緊球拍。無論是反手或正手，都必須注意此概念。

這裡雖然介紹的是觸擊軟木球托部分的標準型打法，但若要讓技術更為精進，就必須試著將拍面搓滑羽毛球下方，使球旋轉，或是以非甜區的拍面位置擊球等各種技法。

❻ 像是推送一般將球擊出。　❺ 擊球後仍必須維持住拍面角度。　❹ 擊球的位置要與視線同高。

重點 **確認！**

保持拍面角度

若想要將球順利擊出，在球尚未觸及球拍前，拍面必須維持一定角度。請各位務必牢記，要固定手腕，不可出現立腕姿勢。

③ 以弓箭步姿勢穩住身體。

② 將拍面舉至高處。

① 一邊觀察來球軌跡，一邊朝網前移動。

勾球
CROSS NET

球路與球網平行
貼網落下

放短球在稍作變化後，可以變成讓對手誤以為球會落在網前，但實際上卻是斜飛向對角的勾球。這種擊球法能同時運用在單打與雙打賽事中。

由於勾球必須貼網且帶角度，一般認為難度相當高，但其實勾球只須搭配簡單的揮拍動作，絕非無法駕馭的高難度技法。但理想的勾球必須與球網呈幾乎平行的狀態，且過

網時相當貼近球網。

若無法貼網，就會讓自己的防守空隙變大，對於下一來球的應對造成不利。因此各位要記得，須避免擊出的勾球變成了對方的機會球，讓對手趁機以直球回擊。勾球雖然是技巧上有風險的擊球法，但若與放短球相互搭配，那麼將會是相當具策略性的運用。

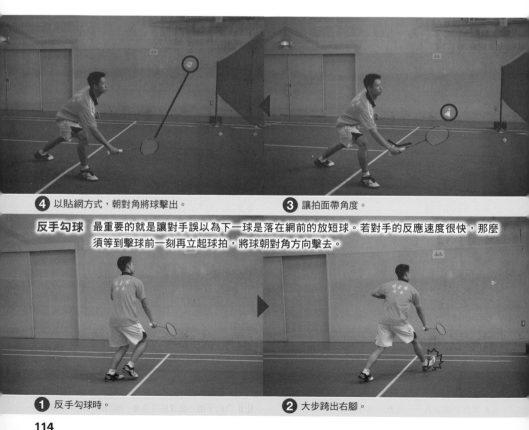

4 以貼網方式，朝對角將球擊出。

3 讓拍面帶角度。

反手勾球 最重要的就是讓對手誤以為下一球是落在網前的放短球。若對手的反應速度很快，那麼須等到擊球前一刻再立起球拍，將球朝對角方向擊去。

1 反手勾球時。

2 大步跨出右腳。

勾球

勾球就是讓對手誤以為下一球為放短球,並以帶角度的方式,將球擊至對角方向。若與放短球相互搭配應用,將可達到混淆對手的效果。萬一被對手發現下一球為對角球,將會遭到反擊,因此務必擺出與放短球相同的姿勢,並且堅持住這個姿勢。

勾球的目標位置

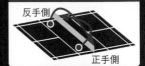

反手側

正手側

勾球的球路非常貼近球網,並會將目標瞄準對手的對角網邊。

重點 確認! 確實立起球拍

握拍的訣竅,在於球拍的角度必須比立腕動作更大,且擊球點也要盡可能落在前方!

正手勾球 正手勾球的關鍵,在於必須盡可能讓球落在網前。若擊出的勾球變成了對方的機會球,將會讓自己的反手側出現大片防守空隙,讓對手有機可乘。

2 大步跨出右腳。

1 面對對手的直線網前球時。

3 讓對手誤以為下一球為網前球。

4 立起手腕,讓球拍帶角度,朝對角方向將球擊出。

搓球
SPIN NET

比賽中相當重要的擊球法

放短球雖然是以拍面接觸軟木球托,並將球貼網擊回對手場中,但若在擊球時,讓球托旋轉,那麼羽毛球將會出現不規則的轉動,增加對手處理來球的難度。讓球旋轉的擊球法就稱為搓球。

搓球與一般的放短球不同,距離球網有段距離時也可放短球,但搓球必須是在相當靠近球網的位置。各位不妨在靠近球網,且擊球點夠高時挑戰搓球技法!

基本上,正手搓球時,球會順時針轉動,反手搓球時則會逆時針轉動,但我們也可利用移動球拍的方式,做出反方向的搓球。此外,除了讓球旋轉的「搓球」外,還有讓球以球托為軸心翻轉的「轉球」等多變技法。各位不妨透過練習,試著找出適合自己的搓球法。

正手搓球 擊球瞬間,若將球拍以像是橫切的方式搓擊球托,就能讓球旋轉。

❶ 維持立腕姿勢。

❷ 將拍面舉至高處。

❹ 移動拍面時呈傾斜狀態。

❸ 像是切開球托和羽毛的感覺。

116

掌握基本擊球法②

搓球

在放短球時加入旋轉技法就能形成搓球。目的在於讓球落下時，出現不規則的變化。一般而言，正手搓球時球會順時針轉動，反手搓球時則會逆時針轉動。

搓球的目標位置

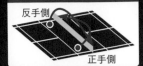

反手側

正手側

搓球與放短球的目標，都是讓球貼網落入對手的網前處。

重點 確認！

搓球時，必須謹記揮拍要完整，確實完成動作。若能像照片中的選手完整揮拍，將能增強球的旋轉力道。

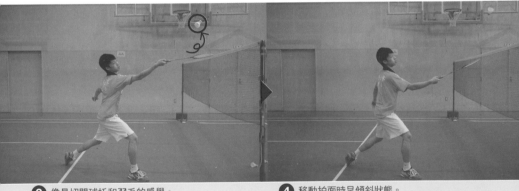

❸ 像是切開球托和羽毛的感覺。　　　❹ 移動拍面時呈傾斜狀態。

反手搓球　反手搓球或許讓人感覺難度較高，但不過就是將手以切手刀的方式動作，並非如想像中困難。

❷ 將拍面舉至高處。　　　❶ 維持立腕姿勢。

放短球練習法

這裡介紹兩種放短球練習法。放短球最重要的，在於透過接拋練習的球數，讓自己確實掌握基本技巧。若沒有打好步法與擊拍時的基礎，那麼其後的練習也難見成效。

將發球員拋來的球以放短球方式擊回，並讓擊出的球能固定落在同一區域。 ❶

也可利用接拋進行勾球練習。 ❷

練習時間

初中階者→5分鐘
中高階者→10分鐘

接拋的基本練習

將發球員拋來的球以放短球方式擊回，正反手皆進行相同訓練。以像是用拍面接住並推送來球的方式，將球擊回至同一區域。此外，也可以拋接方式進行勾球練習。

1對1全短打練習

以1對1方式練習放短球。當對手的球為機會球，或是非常靠近球網處的時候，那麼可選擇挑球回擊，逼對手向後移動。待選手退後時，再改以網前的切球或吊球攻擊，使其又必須向前，接著再持續進行放短球練習。

於網前放短球。

①

觀察對手的球路與位置。

②

可選擇挑球。透過增加前後左右的移動，強化放短球的準確度。

③

練習時間

初中階者→3分鐘

中高階者→5分鐘

第5章

掌握基本擊球法③

發球的變化

接下來介紹發球技法。發球的重點，在於不讓對手輕鬆將球擊回。無論是正手或反手，各位不妨搭配練習法，讓自己能輕鬆掌握發長、短球的基礎。

正手發短球
FORE-HAND SHORT SERVICE

訓練自己
正手也能發短球

　　目前能以正手發球的選手愈來愈少。正手發球雖然球路較廣，基本上都能順利將球擊出，但在擊球瞬間，視線必須離開對手片刻，因此較缺乏掌控性。這也使得能持續盯住對手，擊球品質也較穩定的反手短球成了近期的發球主流趨勢。

　　話雖如此，1對1的單打節奏較不像雙打那麼快展開，因此還是建議各位學會正手發短球的技巧。

　　發球其實原本就是會讓自己必須面對對手攻擊的擊球。若是發長球，那麼在第三球時，一定會面臨對手進攻。因此想要先馳得點的話，就必須學會發短球。發球時，須注意不可出現拍面高過手腕或腰部的犯規行為。另一方面，若揮拍時腳離地，也算是發球犯規，要特別留意。

❶ 確認雙腳位置，做出側身姿勢。　❷ 注意別犯規。　❸ 盡可能俐落揮拍。

掌握基本擊球法③

正手發短球

發球可分為讓球落在對手前方的短球與落在對手身後的長球，如何在尚未擊球前，讓對手無法知道究竟是長球還是短球，可說非常重要。正手發短球主要用於單打賽事中。

發短球的目標位置

發短球就是要以相當貼網的距離，瞄準並將球擊至靠近前發球線附近的兩個角落。

重點 **確認！** **擊球同時注視對手**

正手發短球時，在放開球的瞬間雖然必須將視線稍微離開對手，但擊球後，務必讓目光立刻回到對手身上。

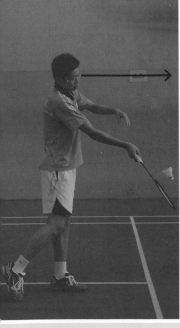

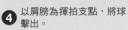

④ 以肩膀為揮拍支點，將球擊出。

⑤ 像是用拍面將球送出的感覺。

⑥ 收拍停留在左肩位置。

正手發長球
FORE-HAND LONG SERVICE

讓球以垂直的軌跡
落至後場深處

正手發長球是單打常用的技法。發球技法中，能讓球飛最遠的就屬正手發長球。只要將球以垂直落下的方式，擊至對手後場深處，就能進入連續對打模式。

發長球最重要的就是距離的拿捏。特別是正手發長球時，能夠揮拍的幅度較大，若要擊出穩定的球路，平常就必須透過練習，掌握「用多少的力量，搭配多大的揮拍，才能擊出漂亮的發球」。

這時，基本上可先固定打擊（揮拍力道），若要拉長10cm的距離，就讓自己向後退10cm，透過移動站立位置來調整距離。發長球時，最重要的就是維持揮拍力道，固定自己的揮拍姿勢。

❶ 姿勢同發短球。　❷ 放開球的同時，向後引拍。　❸ 讓球落在揮拍軌跡上。

掌握基本擊球法③

正手發長球

發長球就是將球擊得又高又遠，落入對手後場深處。最理想的發球是能夠垂直落於底線附近。若長球發得太短，會讓對手有進攻的可趁之機，但太長又可能出界，因此如何掌控距離就顯得很重要。

發長球的目標位置

長球會以垂直落下的方式，瞄準靠近底線附近的兩個角落。

重點 **確認！** **讓球落在揮拍軌跡上**

想要讓距離與球路夠穩，就必須讓擊球固定於某一位置，以及讓球精準落在揮拍軌跡上！

4 以重心從後腳移動至前腳的方式使力。

5 於揮拍速度達到最快的身體前側位置擊球。

6 將球拍揮出，上拉至左肩位置。

反手發短球
BACK-HAND SHORT SERVICE

絕對必須學會的
基本發球法

　　反手發短球的最大優勢，在於球拍與球皆處於視線範圍，因此能在目光不離開對手的前提下，邊觀察對手，邊進行發球。此外，微弱的揮拍也可順利將球擊出，降低了發球時的難度。在擁有這些優勢的情況下，反手發短球不只有雙打，就連單打賽事中也成了最常使用的發球技法。

　　想成功發短球，擊球時就必須讓前腳整個踩地，腳跟不可翹起。此外，一旦腳尖翹起，身體就會搖晃，容易造成球路飄移，須特別注意。

　　若能掌握發短球的技巧，那麼對手就必須以低手接球，減少扣球或撲球等進攻球的出現。最好的發球是讓球貼近球網，並像敬禮一樣地朝下墜落，逼迫對手只能以挑球擊回。各位要持續練習，讓自己能發出球路穩定的短球。

正面角度

❶ 讓右肘與肩膀同高。　❷ 將球放開的同時，利用貼把的拇指力道。　❸ 以像是推送的方式將球擊出。　❹ 收拍的停止位置，讓球得以飛出。

126

反手發短球

雙打賽事中較常運用到反手發短球。反手發短球不僅球路最穩定，擊球的時候，視線也不用離開對手，因此成為雙打的基本發球法。

反手發短球的目標位置

讓球以貼近球網的方式通過，以瞄準靠近前發球線的兩個角落為目標。

側面角度

④ 最好讓球貼近球網通過，且球托像敬禮一樣地朝下墜落。

③ 以推送的方式將球擊出。

② 邊盯著對手，邊稍微向後引拍。

① 最基本的就是讓前腳整個踩地，穩住姿勢。

反手發長球
BACK-HAND LONG SERVICE

可自由選擇的
發長球技法

反手發長球，是將球擊至預期來球會是短球的接球者頭頂，讓對手出乎意料的一種擊球方式。

長球的姿勢與短球相同，從側面角度的照片來看，向後引拍的幅度雖然比發短球稍大，但其實位處正面的對手幾乎無法從中察覺差異，因此如何以相同姿勢，讓自己能分別發出短球與長球，可說非常重要。

想以有限的揮拍幅度擊出遠距發球，就必須學習用力將前臂外回的技巧。發完球後的收拍動作只要夠大，就表示有充分做到外回動作。

對手在面對發短球時，有可能會以撲球回擊，因此各位在習得基本的發球技巧後，不妨練習反手發長球，增加自己的發球選擇。

正面角度

1 與發短球時一樣，右肘與肩膀同高。

2 向後引拍的幅度不變。

3 用力做出外回動作，以前臂揮拍將球擊出。

4 固定住身體勿轉動，拉大收拍的幅度。

反手發長球

將反手長球與短球相搭配,將有機會透過發球扭轉劣勢。若對手猜出來球會是長球的話,想必會發動進攻,形成連續對打,因此無論是發長球或發短球,都必須呈相同姿勢。

反手發長球的目標位置

反手發長球會瞄準靠近底線的兩個角落,讓球垂直落下。

重點 確認!

從側面觀察的話,雖然可以看出稍微有些向後引拍的動作,但從正面角度來看,發長球與發短球的向後引拍幅度幾乎相同。只要讓引拍姿勢相同,對手就無法猜出究竟是長球或短球。

側面角度

❹ 拉大收拍動作。　❸ 於前方位置擊球。　❷ 稍微帶點向後引拍的動作。　❶ 讓對手誤以為是要發短球。

接下來將分別利用單打與雙打，介紹結合發球與接發球的基本練習法。練習方法很多元，建議各位不要只練習打擊，應進行結合接、發球的綜合練習。

單打的發長高球

基本上，發長高球就是將球擊至非常靠近底線的中線區域，待能充分掌控深遠的中線擊球後，再練習擊至兩側的發球。一般而言，發長高球其實是必須面對對手進攻的擊球法，因此首先要思考如何將對手擊出的第一球確實擊回。

練習的首要步驟是如下方照片一樣，於落球點放置標的物進行擊球訓練。接下來的第二步驟，則是像右方照片一樣，配置接球員，進行包含發球的三球練習。而最後的步驟當然就是練習如何在發球後取得分數。

長高球練習法

在底線放置標的物，進行發長高球的練習。

練習時間

初中階者→20～30球
中高階者→30～50球

發出長高球，開始進入練習。 ❶

接住對手的來球後（這裡須將球擊至反手後場）。 ❷

進行第三球的擊球。 ❸

①以發短球開始進入練習。

②接住對手的來球後（這裡須將球挑至正手後場）。

③進行第三球的擊球。

單打的發短球

與發長高球相比，發短球反而更能創造進攻機會。發短球的話，將能避免對手以扣球等回擊，為己方創造先馳得點的機會，因此請各位務必熟悉此技法。但若發出的短球會飄，將可能讓對手有機會以撲球進攻。

練習的第一步驟，是於中線附近、正面及邊線附近放置標的物進行擊球訓練。若模式和發長高球一樣，都是進行 3 球練習時，則可思考如何以第 3 球進攻（放短球或扣球）。

發短球練習法

以筷子及繩子拉出距離球網約 15 公分高的區塊，練習讓發出的短球能夠飛越此區塊。

練習時間

初中階者→ 20～30 球
中高階者→ 30～50 球

131

雙打的發短球

對雙打而言，發長球時的擊球範圍呈縱向狹長狀，因此基本上選手都會選擇發短球，以預防對手進攻。這裡必須特別留意的是，對手擊出的撲球。為了避免對手能使出撲球，就必須估算時機，盡可能讓發球貼網，並分別擊至中線附近、正面或邊線附近。

其中最重要的關鍵，則是發球員必須做好第 3 球的準備，順利將來球擊回。對手的撲球由後排球員負責防守，發球員只須思考如何將網前球或靠近邊界的半場球擊回。

以發短球開始進入練習。

①

發球員於前排以撲球回擊。

②

以對手擊來的機會球取下分數。

③

練習時間

初中階者→10球

中高階者→20球

發出長高球，開始進入練習。 ①

負責接球的對手向後退。 ②

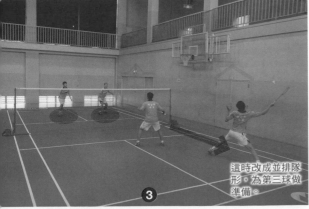

這時改成並排隊形，為第三球做準備。 ③

雙打的發長球

雙打比賽時，接球方一般都會猜測對手會發短球。這時可策略性地交替發長球，瓦解接球方的態勢，擾亂對手節奏。

發長球時，姿勢要和短球一樣，注意高度，然後確實將球向上擊出。發球的同時還要擺出並排的隊形，守住對手攻勢。

練習時間

初中階者→10球

中高階者→20球

133

第6章

強化程度的基礎練習法

強化步法

本章主要介紹能有效擊球的步法練習訓練。即便擁有再好的球技，若無法移動至落球處，就無法擊出漂亮的回球。請各位要抱持著「有好的步法才能擊出好球」的觀念，平常練習時就要特別強化步法。

退至後場的步法練習

退至正手後場與反手後場
連續交互進行訓練

　　首先是預想對手朝後場擊出了平高球或挑球時，進行退至正手後場與反手後場的連續步法訓練。這時以原心位置為起點開始練習，在退至左右兩側的同時，加入頭上的揮空拍動作，接著立刻回到原心位置。這裡的練習重點雖是順暢退至後場的步法，但在加入揮空拍動作時，務必同時構思要將球擊向哪個位置。從下方照片中可以看到，選手退至右後方時是採繞頭的揮拍姿勢，當然也可以改成反手高遠球的揮空拍動作。

POINT
揮空拍時，構思要擊出怎樣的球路。

POINT
後退時，須注意踏出的第一步。

POINT
回到原心位置時，也要思考如何處理下一球。

強化程度的基礎練習法

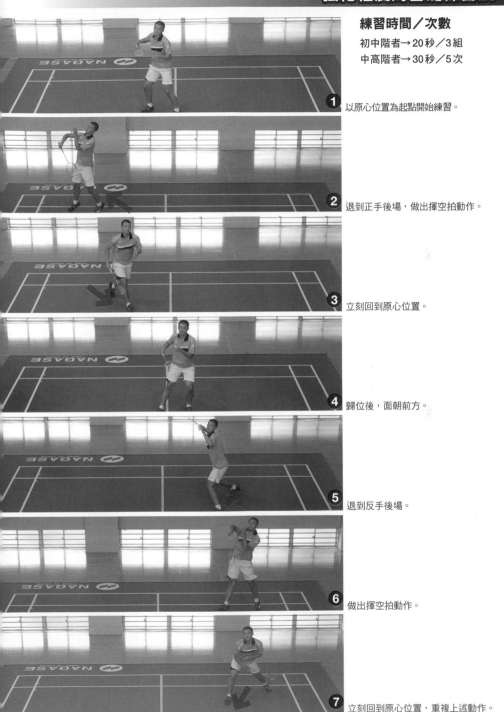

練習時間／次數

初中階者→20秒／3組

中高階者→30秒／5次

1 以原心位置為起點開始練習。

2 退到正手後場，做出揮空拍動作。

3 立刻回到原心位置。

4 歸位後，面朝前方。

5 退到反手後場。

6 做出揮空拍動作。

7 立刻回到原心位置，重複上述動作。

撲向兩側的步法練習

模擬練習
跨單步接住左右側來球

　　這是預想在中場兩側出現機會球時，如何撲向來球的步法練習。重點在於「一步蹬跨」。各位務必牢記，朝右側移動時，以右腳蹬跨、右腳著地；朝左側移動時，則是左腳蹬跨、左腳著地。此步法能夠搭配用來取分的擊球，因此可加入揮空拍，做出直線擊球的動作。

　　此外，在蹬跨著地後，要邊注視著正面，邊以橫跨步方式回到原心位置，進入下一個動作。另一個練習重點，是當蹬跨騰空時，必須於半空中做出向下揮拍的動作。

POINT
蹬跨騰空時，只須做出揮拍姿勢。

POINT
著地後，立刻以橫跨步方式回到原心位置。

POINT
養成邊注視著對手（正面），邊朝側邊移動的習慣。

強化程度的基礎練習法

練習時間／次數
初中階者→20秒／3組
中高階者→30秒／5次

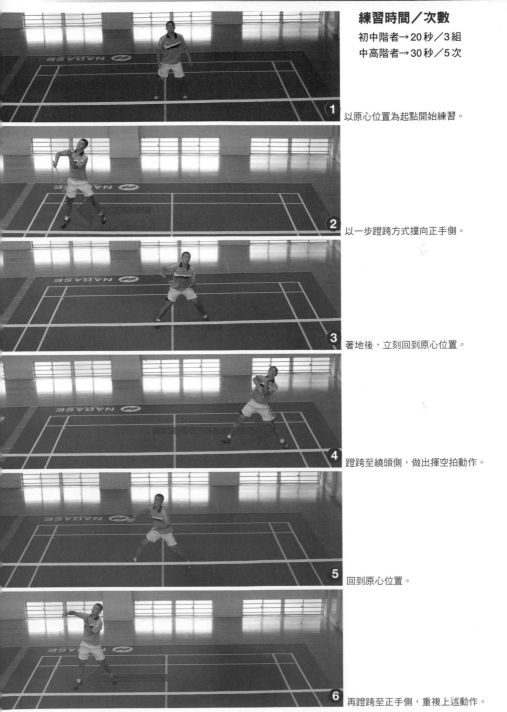

1 以原心位置為起點開始練習。

2 以一步蹬跨方式撲向正手側。

3 著地後，立刻回到原心位置。

4 蹬跨至繞頭側，做出揮空拍動作。

5 回到原心位置。

6 再蹬跨至正手側，重複上述動作。

139

救回側邊球時的步法練習

將停止、歸位動作
整個串連起來

　　這是預想對手於兩側擊出扣球、切球（吊球）或撲球時，如何迅速接球的步法練習。書中雖是於中場進行練習，但各位也可於後場做相同的訓練。

　　這項練習的關鍵，在於如何依自身的位置與姿勢，思考要擊回怎樣的球。橫向移動步法中，最重要的是將煞停的停止動作及回到原心位置的歸位動作串連起來。請各位在練習時，務必牢記要穩住下半身、挺直上半身，完成揮空拍動作之後，須盡速回到原心位置。

POINT
串連起煞停的停止動作及回到原心位置的歸位動作。

POINT
以弓箭步姿勢挺直上半身，同時做出揮空拍動作。

強化程度的基礎練習法

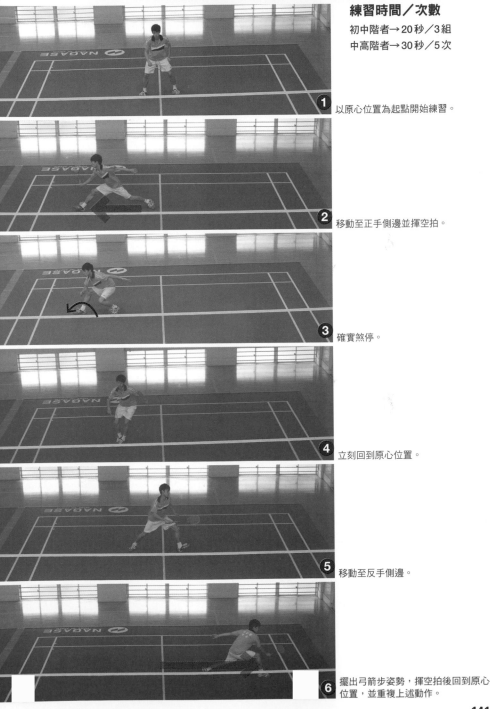

練習時間／次數

初中階者→20秒／3組

中高階者→30秒／5次

1 以原心位置為起點開始練習。

2 移動至正手側邊並揮空拍。

3 確實煞停。

4 立刻回到原心位置。

5 移動至反手側邊。

6 擺出弓箭步姿勢，揮空拍後回到原心位置，並重複上述動作。

141

處理網前球時的步法練習

掌握球網前的三角移動

這是預想對手放短球或將吊球（切球）擊至網前，選手要以放短球或挑球擊回的步法練習。路徑為先朝正手前場移動後，立刻回到原心位置，接著朝反手前場移動，再回到原心位置的循環練習，因此選手會在前場形成一個三角形的移動模式。

其中，在正手前場時，必須特別留意要做出滑步的動作。此外，揮拍時切記不可將腳整個伸直，或是做出腰部向前撐的動作。在思考要擊出哪種回球的同時，務必牢記上述重點。

若以握把蓋觸地來取代揮空拍動作，將能增加對腳部與腰部的負荷，藉此提升練習強度。

POINT
如何提升練習強度。

POINT
將煞停動作及歸位動作串連起來。

POINT
揮拍時，髖關節要帶角度。

142

強化程度的基礎練習法

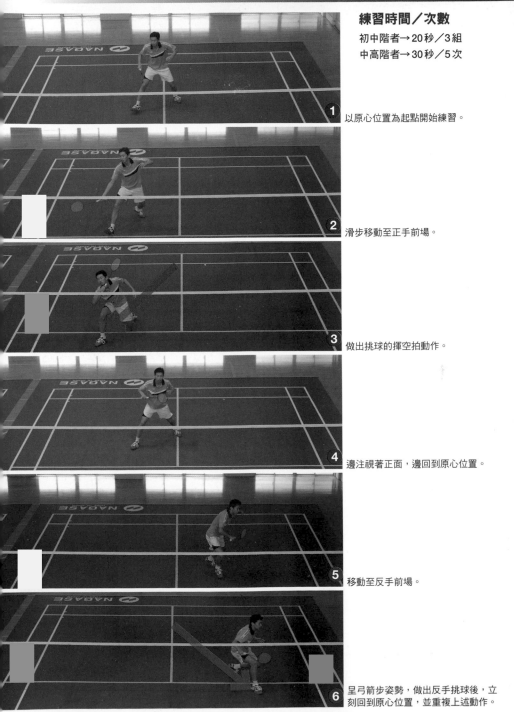

練習時間／次數

初中階者→20秒／3組

中高階者→30秒／5次

1 以原心位置為起點開始練習。

2 滑步移動至正手前場。

3 做出挑球的揮空拍動作。

4 邊注視著正面，邊回到原心位置。

5 移動至反手前場。

6 呈弓箭步姿勢，做出反手挑球後，立刻回到原心位置，並重複上述動作。

攻擊＆撲球時前後移動的步法練習

掌握網前與球場後方的
三角形移動

　　這是利用半邊球場，重複進行攻擊＆撲球動作，以強化前後移動的步法練習。

　　此練習重點在於退至後場進行扣球時，要確實穩住身體做出揮空拍動作，避免腳著地時重心後傾。而在網前撲球時，務必做好立腕準備，並揮出空拍。為了避免形成防守空隙，移動時須隨時採三角形路徑。另外也可像右方照片一樣，於球場左半邊進行相同練習。

| POINT
扣球後，要注意不可讓身體重心後傾。

| POINT
撲球時，球拍要保持立起狀態，朝前方推去。

練習時間／次數
初中階者→20秒／3組
中高階者→30秒／5組

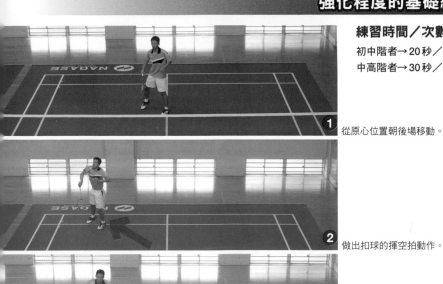

1 從原心位置朝後場移動。

2 做出扣球的揮空拍動作。

3 著地後，踏蹬右腳，一口氣往前移動。

4 維持立腕姿勢，做出撲球的揮空拍動作。

5 邊注視正面，邊回到原心位置。

6 退至後場，做出扣球的揮空拍動作，並重複上述動作。

145

以放球&觸線強化步法

能有效強化單打的步法練習

這是將放置於球場的羽毛球移動至另一側邊的強化步法訓練。練習內容雖然單調，但由於移動距離比手持球拍時更長，運動量相對較大，對選手而言，可說是一項非常辛苦的練習。

放球練習時，只要搭配步法，就能做出低重心姿勢，進而強化面對實戰時處理各種來球的能力。此練習的關鍵在於放完球後，務必朝向正面，為的就是讓自己在移動的同時，不忘觀察對手反應。若只是單純練習放球，對加強羽毛球技法不會有任何幫助，務必特別留意。

各種放球的練習法

①是移動至兩側的步法練習；若朝②移動，則可進行移動至網前的步法練習；③則是朝後場移動時的步法練習。此外，各位可將①、②、③搭配組合，挑戰綜合步法練習，當然也可以觸線取代放球。

強化程度的基礎練習法

練習時間／次數

初中階者→來回5～10次

中高階者→來回10～20次

重複左右來回移動。

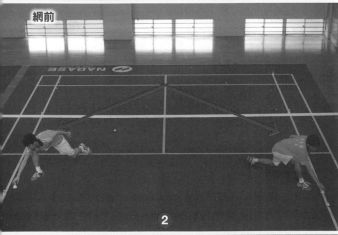

重複網前的三角形移動。

重複後場的三角形移動。

遵循指令的全場自由步法練習

符合實戰移動的
步法訓練

　　2人一組進行的「遵循指令的步法訓練」，並非單純的步法練習，更是模擬實戰過程的高成效練習法。

　　此練習的重點在於指示者要預想會發生在實際比賽的情況，並給予指令。選手在移動的同時，也必須思考該選擇哪種擊球法。

　　提出指令的時機為選手完成揮空拍動作，回到原心位置瞬間。若選手歸位後才提出指令，將會讓選手動作出現停頓；若指令下得太早，反而會讓選手來不及回到原心位置，移動路徑會變成一直線，如此一來會降低練習成效，須特別留意。

POINT
可多人進行練習。

POINT
指示者可預想會發生在實際比賽的情況，給予選手指令。

POINT
提出指令的時機為選手回到原心位置瞬間。

1 指令為移動至正手後場。

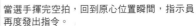

2 當選手揮完空拍，回到原心位置瞬間，指示員再度發出指令。

3 指令為移動至反手側前方。

4 預想接下來是一記擊至反手後場的深球，並給予選手指令。

5 選手做出繞頭揮空拍動作。

6 要求選手立刻跑向正手前場的指示。指示內容必須是實際比賽中可能出現的情況。

接拋球練習法①

透過接拋球強化程度！

接拋球是指以手擲或球拍將球拋出，並由選手擊回的練習法。此練習的最大優勢，在於能夠簡單重現比賽中可能出現的各種狀況。透過反覆的接拋球練習，更能習得基本動作與如何應對各種來球。此外，藉由不斷練習，對於提升基礎體力及強化步法也非常具效果。

接拋球練習時，我們可以透過模擬實際對戰的動線，改善自己較不擅長的球路，同時強化自己的強項。在練習過程中，負責出球的配球員就更顯重要。配球員可依照選手的技術水準來應變，調整出球的節奏及練習量，以提高練習效果。

下頁起將介紹基本的接拋球練習法。也請各位積極地於平日訓練中加入上述練習。

由配球員以手擲或球拍將球拋出的練習，稱為接拋球練習。此練習能簡單重現在比賽中可能出現的各種狀況，因此能在短時間內看出練習成效。

接拋球練習法②

回短球→正手後場扣球→網前球（數球）→挑球→扣球

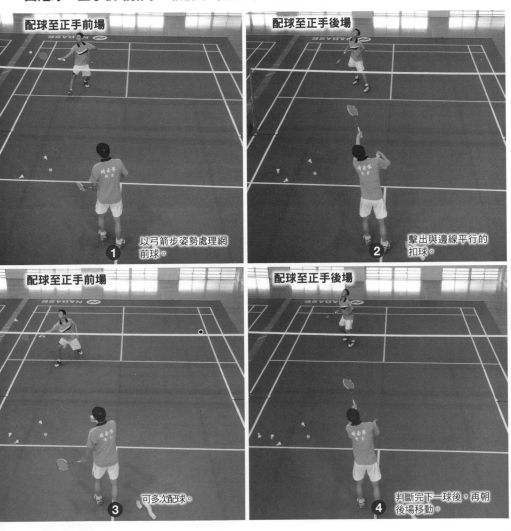

配球至正手前場

① 以弓箭步姿勢處理網前球。

配球至正手後場

② 擊出與邊線平行的扣球。

配球至正手前場

③ 可多次配球。

配球至正手後場

④ 判斷完下一球後，再朝後場移動。

　　這是由正手前場的網前球與正手後場的扣球組合而成的循環練習。透過此練習，除了能提升扣球與網前球的準確度，更可強化前後移動步法。進行簡單的接拋球練習時，配球員會以近球、遠球交替出球，但訓練對象若是高階選手，配球員則可加入多顆網前球，讓練習情境更符合實際比賽。

練習時間／次數

初中階者→來回5次／3組
中高階者→來回10次／5組

接拋球練習法③

回短球→繞頭扣球→網前球（數球）→挑球→扣球

配球至反手前場

① 以弓箭步姿勢處理網前球。

配球至反手後場

② 繞頭擊球。

扣球

③ 基本球路為直球。

配球至反手前場

④ 擊球後立刻移動至前場。

　　這裡的練習場地是前一頁②練習場地的另一半邊球場，由處理反手前場來球及反手後場的繞頭扣球組合而成的循環練習。扣球的基本球路為直球，在進行此練習時，請各位記住「擊出直球後，回來的球也會是直球」的模式。此外，若將繞頭扣球改為反手高遠球，則可變成來球為反手高遠球的高難度練習。

練習時間／次數　初中階者→來回5次／3組　　中高階者→來回10次／5組

前後自由移動攻擊

配球至正手前場

① 預想實際比賽時,整個球場內可能發生的情況,配球給選手。

配球至反手後場

②

配球至反手前場

③

配球至正手後場

POINT

若來球為機會球,可撲球用力回擊。

④ 配球員可配出高難度的後場球。

　　這是將②與③的內容組合後,於全場進行練習。選手在擊完球後,必須迅速回到擊球中心,精準掌握下一來球。而配球者可將球配至難度較高的後場,提升選手的移動速度。若讓出球的速度比實際比賽更快一些,將能加大選手可承受的練習量。

練習時間／次數　初中階者→來回5次／3組　中高階者→來回10次／5組

接拋球練習法⑤

側邊的對角扣球

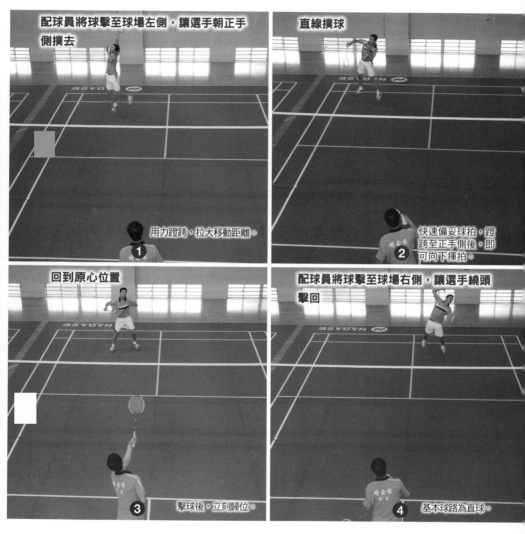

配球員將球擊至球場左側，讓選手朝正手側撲去

1 用力蹬跨，拉大移動距離。

直線撲球

2 快速備妥球拍，蹬跨至正手側後，即可向下揮拍。

回到原心位置

3 擊球後，立刻歸位。

配球員將球擊至球場右側，讓選手繞頭擊回

4 基本球路為直球。

　　這是選手位處中場或後場時，朝正手側邊、反手側邊移動並扣球的擊球練習。各位在中場時若要做出對角式跳躍，務必記住要以一步蹬跨的方式，確實完成揮拍動作。擊球球路基本上為直球，但選手也可自行變化球路。待選手將球擊回，墜落至配球員腋下高度時，配球員即可擊出下一球，讓練習更接近實際比賽。

練習時間／次數　初中階者→6球／3組　中高階者→來回10次／5組

接拋球練習法⑥

全場自由練習（從中線拋球）

於正手後場扣球

在選手擊球瞬間，配球員即可出下一球。
①

於反手後場扣球

擊完球時，務必保持身體平衡。
②

於正手前場接球

模擬實際比賽時會選擇的擊球法與球路。
③

配球員將球擊至正手後場

立刻回到原心位置。
④

　　這是結合①～④所有練習要素的全場接拋球訓練。此練習的運動量非常大，所以選手需要有相當的實力，但也可透過調整練習次數，以及配球員放慢出球速度，充分應對各種程度的選手。單打比賽會用到整個球場，因此各位更必須藉由此練習，達到增強體力與學習正確步法的目的。

練習時間／次數 初中階者→15球／3組　　中高階者→25球／3組

前後接拋球（正手前場＆反手前場的接拋球）

從右側配球至反手前場 ①

從右側配球至反手後場 ②

從左側配球至正手前場 ①

從左側配球至正手後場 ②

POINT

運用整個球場，當來球落至反手後場時，選手就能做到不同層次的訓練。

　　在之前的練習中，配球員都是從球場正中央出球，但實際比賽時，其實很少有球是從球場正中央飛來的。因此各位必須模擬實戰過程，讓配球員站在正手前場、反手前場等位置進行練習。照片是利用半邊球場進行的前後出球範例，各位也可將範圍擴大至整個球場。在面對所有來球時，選手可決定「這球要打直球」、「這球要打斜球」，藉以提高擊球的準確度。

練習時間／次數 初中階者→15球／3組　中高階者→25球／3組

接拋球練習法⑧

於前場、中場接擊手拋來球

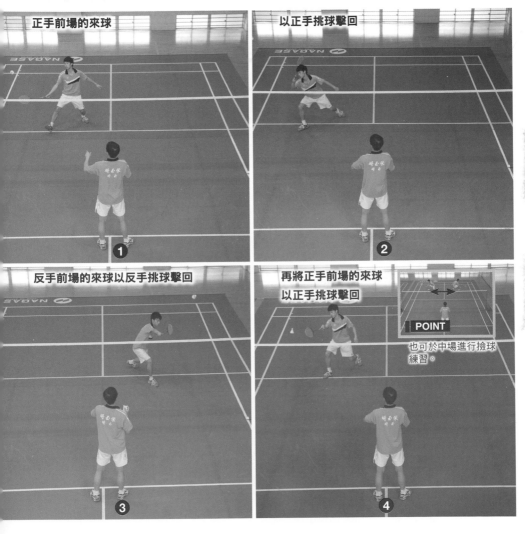

正手前場的來球 ①

以正手挑球擊回 ②

反手前場的來球以反手挑球擊回 ③

再將正手前場的來球以正手挑球擊回 ④

POINT
也可於中場進行撿球練習。

　　這是將配球員手擲的來球以挑球擊回，著重防守訓練的練習。在進行這類練習時，若以手擲出網前短球，球路的準確度會比以球拍擊出更高，因此對於強化防守功力可說成效顯著。選手必須迅速移動至前場或中場的落球位置，並嘗試擊出深遠挑球。此外，在練習撿球時，更必須將煞停與歸位動作串連，透過連貫的移動，撿拾左右兩側的羽毛球。

練習時間／次數 初中階者→15球／3組　中高階者→25球／3組

第7章

強化程度的模擬實戰練習法

怎樣的練習才能
比擬實際比賽？

本章介紹各種模擬實際比賽的練習法。接拋球練習與模式練習中，最重要的就是融入實際比賽會遇到的狀況。能將練習水準在正式上場時表現出來的選手，才是真正的強手。各位在練習時，不妨想像自己置身於實際比賽中，避免落入為了練習而練習的思維。

模式練習

模式練習是指先決定擊球順序，由2人進行相同模式的來回練習。預想在實際比賽中常出現的連續對打，並讓身體記住移動的方式，形成有效練習。雙方以不失誤為前提，將練習範圍擴及整場，將能更符合實際比賽的情況。

將對手擊來的遠球以平高球擊回作為開始的練習模式。

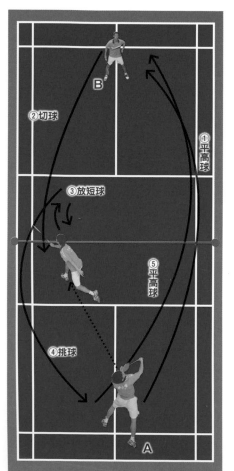

練習法①
平高球→切球→放短球→放短球→挑球→平高球模式

這是在單打賽中，結合前後移動與擊球的模式練習。若能於整場進行各類擊球的連續對打並且無失誤，絕對能讓選手程度更精進。

A將B發至後場的來球以平高球①擊回，開始練習。面對平高球①，B擊出切球②至正手前場。接著A放短球，B也以放短球③回球。在來回對打幾次後，B使出挑球④。A後退並將④以平高球⑤擊至後場。重複此練習模式。

練習法②
平高球→扣球→回短球→放短球→挑球→平高球模式

此為練習法①的另一版本。將切球改成扣球，讓練習模式更貼近實際比賽。由於選手已經先掌握了模式練習中會出現的球路與擊球法，因此較容易出現搶先行動的情況，但須特別留意，這樣做並不會增加練習成效。

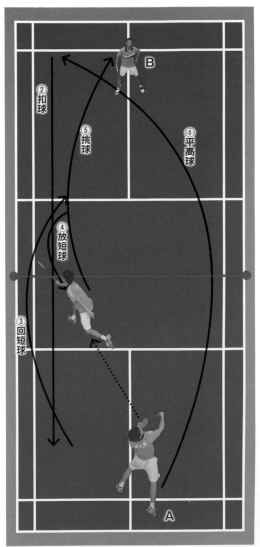

A將B發至後場的來球以平高球①擊回，開始進入練習。面對平高球①，B擊出直線的扣球②。A則是以回短球③，將球擊至正手前場。B接著將來球③以放短球④因應。A將④以挑球⑤擊至後場。重複此練習模式。

模擬實戰的單打練習法

限制練習

限制練習是指其中一側的選手在面對來球時，被要求「只能擊哪種球」。透過限制擊球，此練習法對於兩側選手分別在進攻與防守的能力培養上相當有效。

依照不同目的做出各種加諸限制的練習訓練。

練習法③
長長打＆短短打

A為防守方、B為攻擊方的限制練習。A只能擊出後場的平高球，而在面對B擊至前場的短球，A只能以回網前球的方式進行連續對打。

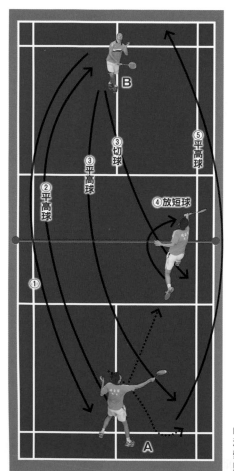

① 平高球
② 平高球
③ 平高球
③ 切球
④ 放短球
⑤ 平高球

B

A

由B擊出①，開始進入練習。A將①以平高球②擊回後場深處。面對平高球②，B可選擇以平高球、切球、吊球做變化，擊出③。若要回短球，A只能選擇網前球④，長球則只能回平高球⑤，以此模式進行連續對打。

162

練習法④
長短打＆短長打

這是要求防守方的A在面對長球時，必須回「短球」，面對短球時，必須回「長球」的限制練習。擊至後場的球必須為平高球。在面對B來的平高球，A必須以能夠盡快觸碰到球的切球或吊球擊回。當B擊出切球或網前球後，A就必須回出深遠球，藉此稍微減弱B的態勢。

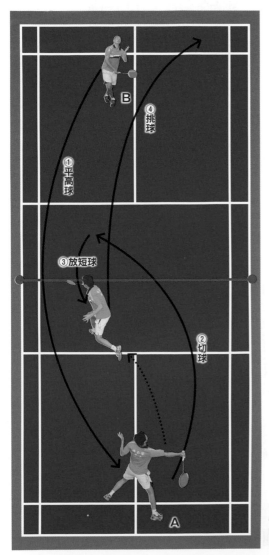

當B朝後場擊出平高球①後，A可以切球或吊球②回擊。面對來球②，B可以放短球③因應，這時A只能以挑球④擊回後場。透過這樣以短球回長球、以長球回短球的方式進行連續對打。

模擬實戰的單打練習法

限制練習

　　限制練習除了限制能夠選擇的擊球法外，也會限制擊球範圍。依照選手的程度，有時若使用整個球場，就難達到持續對打，這時可選擇將擊球範圍縮小為半邊球場，進行限制練習。

可依照不同目的做出各種加諸限制的練習訓練。

練習法⑤
半場的扣球 & 網前球

這是利用右半邊球場的扣球與網前球練習。可扣球的 A 為攻擊方，接球的 B 為防守方。當然也可以左半邊球場進行練習。

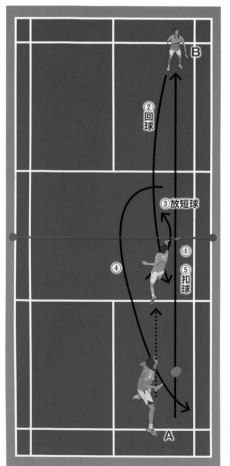

A 將 B 發出的球以直線扣球①擊回，開始進入練習。當 B 的回球②較短時，A 可以放短球③因應。當 B 的回球④較長時，A 則可以扣球⑤因應。並於半邊球場重複進行上述模式練習。

練習法⑥
全場對半場的扣球 & 網前球

透過調整球場的限制範圍，增加練習強度。此範例是攻擊方 A 的活動範圍為半邊球場，防守方 B 的活動範圍為整個球場，如此一來，防守方 B 的運動量將會明顯增加。當 A、B 的可活動範圍對調時，同樣能增加 A 的運動量。若練習的 2 位選手程度有差異，也可以用這種條件限制方式，讓雙方皆能有效練習。

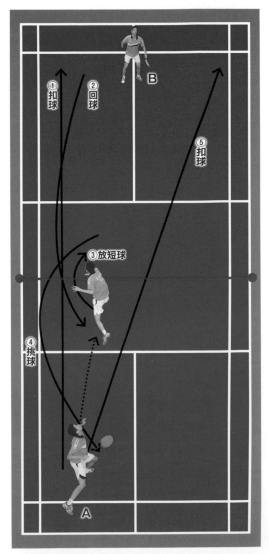

A 將 B 發出的球以繞頭扣球①擊回，開始進入練習。當 B 的回球②較短時，A 可以放短球③因應。當 B 擊回挑球④時，A 則可改為扣球⑤的球路。並利用半邊球場進行此模式練習。有著場地優勢的 A 要思考如何增加 B 的練習量。

模擬實戰的單打練習法

限制練習

　　此方法可說是以限制擊球的方式，來增加運動強度的訓練。舉例來說，若在1對1練習時，限制「不可扣球」，就能拉長連續對打，強化選手的運動強度。此外，由於不能使用攻擊球，這時就必須思考如何透過配球與策略，達到「打亂對手節奏」的目的。

練習法⑦
無攻擊的自由練習

在進行無攻擊的自由練習時，必須預想實際的比賽，並思考如何達到擾亂對手姿勢的目的。理想的模式是讓對手疲於奔命，以無攻擊的方式取得分數。各位務必養成一定要將來球回至對手場中的觀念與習慣。由於此練習中沒有速球，須特別留意如何避免發生失誤。

規定不可使用扣球或撲球進行自由練習，將能促使選手思考如何讓擊球更具策略性。

（A）　　　　　　　　　　　　　　　**（B）**

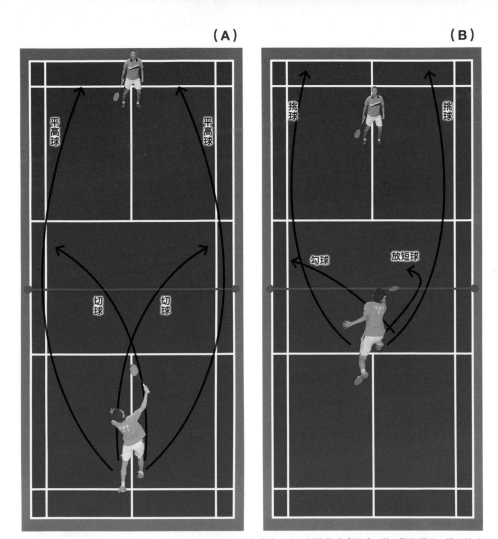

位處後場的A若想讓B疲於奔命，可利用平高球讓B左右奔跑，也可利用吊球或切球，將B引至網前，進行策略性擊球（圖A）。若是位處前場時，則可靈活運用放短球與勾球，甚至看準時機，朝後場擊出深遠挑球（圖B）。

模擬實戰的單打練習法

練習法⑧
斜線切球→直線挑球→對角扣球→回球→網前球模式

這是1對2的模式練習，在單打練習中，若以1對2方式進行，擊球的連續性將會比1對1更好。接下來要向各位介紹由斜線切球、對角扣球與網前球組合而成的連續練習。其他也有相當多樣的組合模式，各位在練習時，除了要讓自己擅長的項目更加精進外，也要克服較不擅長的項目。

以不使用扣球與撲球的方式，進行連續自由對打，將能促使選手思考如何讓擊球更具策略性。

將對手發至反手側的來球以繞頭方式擊出斜線切球①，面對對手擊來的直線挑球②時，大步跨出右腳，使出對角扣球③再以撲球⑤解決對手的回球④。

模擬實戰的雙打練習法

練習法①
2對1的攻擊＆接球練習

1對2的配置條件，不僅能進行單打練習，也能運用在雙打訓練中。此練習將1人一隊者的前場設定為2人一隊的選手不可攻擊的區域。這樣1人一隊的選手就能持續從中、後場扣球。位處中場的2人一隊選手，則必須以長球或平抽球連續回球。此模式同樣能應用在雙打並排隊形的接球練習中。

以2對1進行攻擊＆接球練習。

扣球

扣球

此為2人一隊選手
不可攻擊的區域

1人一隊的選手在扣球時，必須確實移動，盡可能擊出紮實的直球。當對手的來球為平抽球時，則是盡可能於前場接球，增加連續對打次數。2人一隊的選手則必須避免失誤，承接對手的攻擊。

模擬實戰的雙打練習法

練習法②
2對1的撲球&回球練習

進行雙打時，由守轉攻是絕對必要的。為了盡量避免對手於網前使出攻擊力道強勁的來球，選手必須進行高度較低的連續回球練習。2人一隊的選手負責撲球或擊出網前球，1人一隊的選手則以半邊球場為範圍，採取直線、斜線平抽球或是回短球攻擊。各位在練習時，連續回球務必要揮拍俐落。

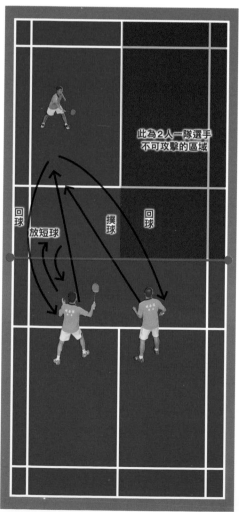

以2對1進行撲球&回球練習。

在此練習中，1人一隊的選手基本上須回直球，其中可穿插斜球。接球時盡量採俐落的反手揮拍，並讓擊球點落於身體前方。此外，更要隨時做好網前防守。

模擬實戰的雙打練習法

練習法③
3對2的自由練習

這是以3對2的配置，透過雙打自由練習，養成面對各種狀況時的判斷能力。2人一隊的選手雖然明顯處於劣勢，但3人一隊的選手場中一定還是有防守空隙，因此在連續對打中，2人一隊的選手必須找出空隙並將球擊回。3人一隊的選手基本上採前排1人、後排2人的位置隊形，但也可針對欲強化的項目，透過自由移動，進行各種調整。此外，更可透過「不可挑球」等限制，加快練習節奏。

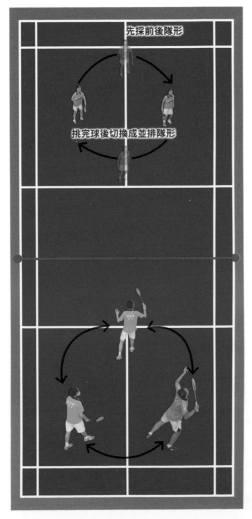

以3對2進行雙打練習。

2人一隊的選手除了必須積極對打，還要隨時做好空隙防守。此外，擊出挑球後，要立刻從前後隊形切換成並排隊形。3人一隊的選手基本上採前排1人、後排2人的隊形，每擊出一球就必須輪轉位置。當然，連續對打時也可自由移動，讓練習的感覺更接近實際比賽。

模擬實戰的雙打練習法

練習法④
4對2的變化練習

這是以並排隊形進行4對2練習的訓練模式。在3對2練習時，前排兩旁會出現防守空隙，但若前排改為2人時，就少了對手側邊的防守空隙。在面對這種情況時，就只能不斷朝後場深處擊出平高球。訓練己方的平高球夠高，避免前排對手將球攔下。

以4對2進行雙打練習，應避免出現讓前排對手撲球或扣球的機會球。

盡可能朝後場深處擊球，讓後排對手必須以平高球回球。

右半球場的中場區域

左半球場的中場區域

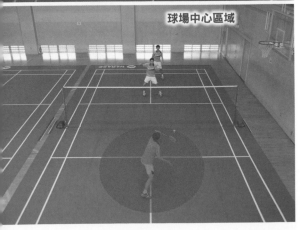

球場中心區域

練習法⑤
2對1的三種扣球球路訓練

這是前後隊形時，提升扣球準確度的練習法。

基本上，扣球球路可分為兩側與中心3個區域，並以2對1進行練習。1人一隊的選手接扣球的位置為照片所示的3個區域。只要限制打擊區域，即可讓1人一隊的選手輕鬆應對。

練習時，務必擊出深遠球，避免前排對手攔截回擊。

模擬實戰的雙打練習法

練習法⑥
2對1的連接球訓練

這是在前後隊形時，若遇到對手的來球為短球，則同樣以短球擊回，維持隊形的練習。在面對2或3的情況時，若立刻使出挑球，那麼就必須切換為並排隊形。若想持續進攻，就必須維持前後站位，因此可透過此方式練習連接球。

照片中，1人一隊的選手雖站在右側，但也別忘了進行左側的連接球練習。

落於網前的來球。

①

輕輕地以短球回擊。

②

遇到前排選手無法接的來球。

③

由後排選手遞補上來並回以短球，重複練習。

④

強化程度的模擬實戰練習法

對手的前排球員以撲球漂亮接住發球。

①

後排球員上前回出直線挑球。

②

當對手的後排球員擊出強烈扣球時，必須切換成並排隊形。

③

對手的後排球員擊出平高球。

①

再從並排隊形切換成前後隊形。

②

練習法⑦
雙打的隊形變化

雙打時的基本隊形為一前一後的「前後隊形」與2人一左一右的「並排隊形」。

前後隊形是利用一前一後的站法，進行分工式攻擊。並排隊形則是採一左一右的站法，屬於較重視防守的隊形。

在實際比賽中，必須依遇到的情況切換成上述兩種隊形，各位可從照片中看出切換隊形時的變化。也請各位牢記基本的前後隊形與並排隊形。

第8章

單打＆雙打的基本戰術

規劃自己的
攻擊模式

本章將帶領各位思考戰術。當選手彼此的
技術與體力不分軒輊時，要分出勝負，就
要靠戰術了。這裡會根據不同的對手類
型，以基本的攻擊理論為主進行說明。各
位不妨藉此調整擊球型態，找出屬於自己
獨一無二的戰術。

···如何先發制人？

POINT
若能讓對手在此位置擊出平高球，就至少還有一半的得分機會。

❯❯ 提高發球的準確度

羽毛球與網球、桌球等同為球拍類運動的差異之處，在於持有發球權並無太大優勢。桌球或網球有時光靠發球就能得分，但羽毛球可就有困難了。當選手將球發成機會球時，甚至會讓對手產生優勢。

因此，請各位務必要確實進行提升發球準確度的練習。單打賽中，發出讓對手退至球場深處的長遠球非常重要。只要發出的球，讓對手必須以高遠球回球，就至少還有一半的得分機會。此外，若擁有能隨時發長球的

實力，那麼對手就會特別提防，這時對手更難猜出發來的球究竟是長球還是短球。想要「先發制人的第一步」，就必須學習讓自己的發球更有策略性。

單打戰術②

····連續對打時如何讓自己占上風？

是扣球？

還是切球？

是吊球？

還是放短球？

POINT

當自己能以相同的姿勢，分別做出長短距離的擊球時，就能瓦解對手的防守。

思考如何擾亂對手的前後移動

單打賽時，若擊出的每一球都是後場球，是無法取得勝利的。若在比賽中只考慮如何不失誤，就會變成一場體力拉鋸賽。想靠戰術贏得比賽，就必須讓對手前後移動，擾亂節奏，誘使對手發生失誤。在面對後場防守能力較強的選手，這種戰術可說是最基本的配球法。

若扣球與切球時的姿勢相同（放短球與吊球姿勢相同），那麼對手就必須做出接住這兩種球的準備。迫使對手前後移動，同時穩住自己的態勢，便可掌握連續對打時的主導權。其中，最重要的是讓對手「猜不出球路」。各位不妨試著練習，讓自己能以相同的姿勢，擊出至少兩種不同的球路。

179

•••扣球的基本球路

| POINT

扣球的基本球路為直線，因此選手若能將扣球回至對角，便可攻守切換。

▶ 掌握原則

7成為直球，3成為斜球

當選手先發制人，能以扣球進攻時，基本上要掌握7成直球、3成斜球的擊球原則。直球會占多數是因為能以最短距離將球擊回對手場內，讓對手沒有時間反應。

接著，當我們站在接球方思考撲球時，首先必須找出能接住撲球的定位。若能充分運用回斜線短球或回長球，便可中止對手進攻，迫使對手移動位置。換言之，這一記回球可是能逆轉情勢的。各位不妨在訓練時，加入大量的直線撲球、斜線回球練習組合。

單打戰術④

……•單打時的進攻區域

⟫ 瞄準防守空隙進攻

在連續對打中，當對手以吃力的姿勢回出斜球時，須防守的範圍也會變得更大。換言之，就是對手場中出現了「防守空隙」，若選手能瞄準此防守空隙攻擊，就能為自己創造機會。

相反地，選手也必須隨時牢記，擊出斜球時，就表示自己的防守也出現了防守空隙，應迅速回穩態勢，思考如何守住全場。

當自己處於優勢，能夠對防守空隙進攻時，對手一定也會試著迅速歸位。這時不妨掌握對手移動的反方向，也就是朝上一球的位置再擊一球，做出策略性的擊球。

單打戰術⑤

···遇到攻擊強勁的對手時

平高球

切球

POINT
反手後場的平高球與正手前場的切球。若選手能掌握這兩種擊球法，便可透過對角線配球，停止對手的強勁攻勢。

有效運用對角線擊球
拿下主導優勢

當比賽形成後場的連續對打時，擅長猛攻的對手相對較占優勢。面對這類選手時，光靠平高球擋下對手攻擊是無法取得分數的。因此必須思考如何停止對手的強勁攻勢，拿下主導權。

這裡非常關鍵的提示為對角線配球。所謂的對角線，是指（正手後場＋反手前）與（反手後場＋正手前場）的擊球組合。能善

加運用四個角落當然是最為理想，但上述的兩種擊球組合在比賽中就非常受用。

舉例來說，朝正手後場擊出平高球後，下一球可選擇反手前場的切球（吊球）。熟悉了這些搭配組合後，就能停止對手的強勁攻勢。各位在練習時，務必加強讓自己能從後場擊出落在網前的切球或吊球技術。

單打戰術⑥

POINT
對手勉強接住了近身球後，選手可立刻朝網前移動，進行連續攻擊。

善加運用身體攻擊！

防守強勁的選手會隨時注意兩側與防守空隙的情況，這類選手同時也擁有絕佳的反擊攻勢。當選手不管如何擊球，都無法瓦解對方防守時，不妨瞄準對手的身體進攻。

只要朝身體攻擊，對手就沒有充分的空間揮拍。換言之，對手除了無法選擇想擊出的球路外，在球路掌控上也較有難度。典型的攻擊模式如上方照片所示，朝對手身體回短球，並朝網前移動，從高處以撲球或扣球積極進攻。

由於正手近身球會比反手近身球更難回球，因此在擊球時，務必要瞄準對手的持拍手腕。

⋯如何讓攻擊變化更多樣

對角扣球

POINT
與能讓對手擊出低手挑球的配球做組合。

半扣球

POINT
利用半扣球，讓對手回球至此位置。

▶ 結合對角扣球與半扣球進攻

在單打賽總是無法取得勝利的選手中，部分選手的攻擊是非常單調乏味的。選手雖然知道靠一味猛攻無法得分，但卻只能選擇不斷攻擊。這些選手就必須思考，如何為扣球攻擊加入變化元素。

這時，對角扣球就是另一種得分的方法。此攻擊的重點在於擊出稍微長距離的切球，促使對手以低手挑球回球。此外，穿插球速較慢的半扣球也頗有效果，利用帶點假動作的半扣球，為攻擊帶來變化，就有機會引起對手失誤。

然而，就技術面來看，這些變化攻擊都比一味地猛攻更有難度，因此各位必須確實練習，讓自己更得心應手。

•••• **如何提升網前的攻擊效果**

> **POINT**
> 面對短球時，可從中場搭配敏捷的
> 移動步法。

立起球拍，銳利擊球
讓對手猜不出球路

　　擊回網前球時，由於拍面必須朝上，往往被認為是屬於偏防守的球路，但若能銳利切擊對手來球，也能成為帶策略性的擊球。

　　選手做出拍面朝上的姿勢時，對手一般就會認為是網前球或挑球。但若更早立起球拍，做出切擊姿勢，對手就無法猜測球路。因為除了放短球或挑球外，也有可能出現平抽球或撲球。若能藉此讓對手疲於應付多種球路，就可增加對手負擔。

　　即便最後選擇放短球或挑球，只要能讓對手跟不上腳步或姿勢變得不穩，便可取得比賽優勢。

•••對手發球時

POINT

回球時，帶氣勢地迅速移動至網前，•••••••••••••
讓負責接球的對手承受極大壓力。

❯❯ 做出用第三球 進攻的球路

在雙打中，如何應付對手的短發球是非常重要的。只要選手的接發球夠靈活，就能為己方做出用第三球進攻的球路。

接短球時，與其以強球回擊，不如思考如何讓球路下墜。各位若能成功擊出下墜的中場撲球或兩側的半扣球，便可掌握比賽主導權。

當對手發來短球時，應迅速移動至網前，擺出高擊球點的姿勢。若對手因此改成發長高球，就可由搭檔從後方擊球，同樣能夠拿下主導權。

雙打戰術②

•••雙打隊形

並排隊形

前後隊形

POINT
比賽時，須隨時從並排隊形切換為前後隊形。

❯❯ 隨時掌握由守轉攻的要領

　　雙打的基本隊形可分為一前一後的「前後隊形」，以及一左一右的「並排隊形」。前後隊形與並排隊形更可分別歸類成「攻擊」與「防守」隊形。

　　比賽時，最重要的就是必須隨時從防守的並排隊形，切換為攻擊的前後隊形。選手必須依照並排隊形時的接球狀況，做出能由守轉攻的配球。搭配短球、平抽球或長球回球，讓對手無法由上往下攻擊。若選手能利用「對手無法進攻」的時間，順利切換回前後隊形，那就是非常強的雙打組合。

雙打戰術③

···前後隊形時的進攻方法

前後隊形

POINT
朝防守漏洞不斷攻擊也可作
為雙打戰術。

❯❯ 由前排球員負責得分
是理想模式

雙打的前後隊形時，最理想的模式是由後排球員扣球攻擊，機會球則由前排隊員擊回。在角色分配上，後排球員負責「做球」、前排球員負責「得分」。因此後排球員更要充分利用中場區域，擊出直線扣球。

最強的雙打組合，是前排球員能依照後排球員擊出的球路，移動自己的位置，配出對手無法輕易回擊的球路。

此外，在進攻時，也可多製造「2對1」的攻擊場面。後排球員朝防守較弱的區域集中攻擊，前排球員則是站在對手只能回以有限球路的位置。透過2人合作並創造攻擊機會，讓己方的雙打實力更加精進。

•••• 並排隊形時的進攻方法

並排隊形

> **POINT**
> 當球順利落在網前時，選手可以逆時針方式，迅速切換為前後隊形。

❯❯ 輪轉切換
由守轉攻

以並排隊形進行防守時，應隨時注意，當對手使出機會球時，就要立刻展開攻勢。如照片中，將球擊至網前時，就是進攻的時機。這時，只要右邊的選手趨前進攻，就能利用對手挑球的時間切換隊形。也就是左邊的選手繞至右方，即可由並排隊形切換成前後隊形。

若選手想視情況流暢地切換成各種隊形，就必須進行大量的輪轉練習。透過實戰練習，反覆思考「擊出這球後，要怎麼移動？」「對手如果採這種姿勢，該如何應變？」等，增加雙打搭檔間的默契。

監修：埼玉榮高中男子羽毛球隊

監修者
大屋貴司顧問

1968年生於東京都。日本體育大學畢業後，進入日本Unisys羽球隊，後於埼玉榮高中任教。自1999年起擔任男子羽球隊顧問，帶領隊員獲得11次高中聯賽團體冠軍，以及10次的全國選拔賽團體冠軍。同時也是U19少年國家代表隊的指導教練。

堂下智寬教練

1985年生於新潟縣。日本體育大學畢業後，進入埼玉榮高中任教。2011年獲得全日本教職員選手全冠軍，曾出賽全日本總合雙打賽。是與大屋顧問攜手扶持埼玉榮高中男羽隊的年輕教練。

埼玉榮高中　男子羽毛球隊

在日本高中聯賽的團體賽中，獲得包含8連霸的11次冠軍。在全國選拔賽中，同樣獲得包含8連霸的10次冠軍，可說是高中羽球隊的最強隊伍。2012年時，更有選手晉級日本總合的單打與雙打賽事。女子羽球隊也曾在高中聯賽及全國選拔賽的團體賽中獲得各2次冠軍。

後記

各位是否已了解羽毛球的基礎與技術？

羽毛球運動的環境每年都在進步，除了規則不斷修正、道具不斷改良外，單打與雙打的模式同樣出現變化。

但在多樣的變化中，「基礎」的重要性仍維持不變。日本的羽毛球在現在的國際賽事中也出現相當大的躍進，我認為當中最大的關鍵，在於選手自少年階段起，就充分從指導者身上學習到所謂的基本技術，在選手融會貫通後，進而產出了目前的成果。

無論是準備接觸羽毛球的讀者、希望程度更精進的讀者，或是羽毛球的指導者，都能透過本書重新認識到「基礎」的重要性。

（左起）
水村秀人（高三） 岡本優幹（高三）
嶋田理人（高三） 柴田一樹（高三）
小野寺泰雅（高三）

協助拍攝的男羽隊隊員

STAFF

編集	井山編集堂
攝影	井出秀人
本文設計	上筋英彌・木寅美香（アップライン株式会社）
封面設計	柿沼みさと

羽毛球基礎技巧＆戰術

| 出　　　　版／楓葉社文化事業有限公司 |
| 地　　　　址／新北市板橋區信義路163巷3號10樓 |
| 郵 政 劃 撥／19907596 楓書坊文化出版社 |
| 網　　　　址／www.maplebook.com.tw |
| 電　　　　話／02-2957-6096 |
| 傳　　　　真／02-2957-6435 |
| 監　　　　修／大屋貴司 |
| 翻　　　　譯／蔡婷朱 |
| 責 任 編 輯／黃怡寧 |
| 內 文 排 版／楊亞容 |
| 總 經 銷／商流文化事業有限公司 |
| 地　　　　址／新北市中和區中正路752號8樓 |
| 網　　　　址／www.vdm.com.tw |
| 電　　　　話／02-2228-8841 |
| 傳　　　　真／02-2228-6939 |
| 港 澳 經 銷／泛華發行代理有限公司 |
| 定　　　　價／360元 |
| 初 版 日 期／2018年4月 |

國家圖書館出版品預行編目資料

羽毛球基礎技巧&戰術 / 大屋貴司監修
; 蔡婷朱翻譯. -- 初版. --新北市：楓葉社
文化, 2018.04　面；　公分

ISBN 978-986-370-165-1（平裝）

1. 羽毛球

528.959　　　　　　　　107001102